Sophie Fontanel

Reifezeit

Sophie Fontanel

Reifezeit

Wie meine Mutter alt wurde –
und ich erwachsen

Eine Liebeserklärung

Aus dem Französischen von
Svenja Geithner

KAILASH

Die französische Originalausgabe erschien 2010 unter dem Titel
»Grandir« bei Éditions Robert Laffont, S.A., Paris.

MIX
Papier aus verantwortungsvollen Quellen
FSC® C017859

Verlagsgruppe Random House FSC-DEU-0100
Das für dieses Buch verwendete FSC®-zertifizierte Papier *EOS*
liefert Salzer Papier, St. Pölten, Austria.

1. Auflage
Deutsche Erstausgabe

Lektorat: Antje Steinhäuser
Satz: Fotosatz Amann, Aichstetten
Druck und Bindung: CPI – Moravia, Pohořelice
Printed in Czech Republic
ISBN 978-3-424-63045-9
www.kailash-verlag.de

Für Vincent und Ludovic

Wenn ich in letzter Zeit an das denke, was ich zu retten versuche, verspüre ich ein so starkes Bedürfnis zu helfen, dass ich erbebe. Jemandem zu helfen, das weiß ich nun, bedeutet automatisch, selbst Hilfe zu brauchen. Und in diesen Tagen sauge ich jedes bisschen Zuneigung auf wie ein Stück Löschpapier die Tinte, und die kleinste gütige Geste wirkt auf mich so wohltuend wie Liebe. Nie zuvor habe ich andere Menschen so bewusst wahrgenommen, ich, die ich mein ganzes Leben auf die Freiheit gegründet habe. Mir geistern neuerdings ungeahnte Ideen im Kopf herum, beispielsweise zu der Frage, was eigentlich »da sein« bedeutet. Unaufhörlich muss ich daran denken, dass auch ich eines Tages alt sein werde, dass auch ich eine gewisse Schallgrenze überschreiten und auf das Wohlwollen eines anderen angewiesen sein werde. Wenn es irgendwann so weit ist, wer auf der Welt wird das für mich leisten können, was ich für meine Mutter leiste? Wer wird da sein? Wer wird mir zur Seite stehen, wenn ich meinerseits alt und gebrechlich bin? Werde ich mir eines Tages das Leben nehmen aus jenem ganz speziellen Liebesmangel heraus, nämlich dem Mangel an Unterstützung?

Ich betrachte sie, diese zu Tode erschöpfte Mutter mit ihren sechsundachtzig Jahren, nachdem ich sie mit Liebesbezeugungen überhäuft habe: mit Osterglocken für ihre

Wohnung, mit der Fürsorge, die ich ihr angedeihen ließ, mit aufmunternden Worten, einem neuen Kleid, einer Galette des Rois – dem klassischen Dreikönigskuchen aus Blätterteig –, mit kandiertem Ingwer, scherzhaften Bemerkungen über den Lauf der Dinge, mit durch beschönigende Details ausgeschmückten Berichten über meinen Alltag, mit dem im Brustton der Überzeugung vorgebrachten Hinweis, dass heutzutage die Menschen unvorstellbar lange leben und dass es letztendlich keinerlei allgemeingültige Regeln mehr gibt. Ich versichere ihr, dass sie phantastisch aussieht, ich sehe sie an, ja, und angesichts ihrer wiedergewonnenen Unbekümmertheit, angesichts des übermütigen Schalks, mit dem sie gerade schon wieder den nächsten Witz reißt, sage ich mir: »Noch ein bisschen mehr Einsatz, und sie wird nicht sterben.«

Was ist das, Unsterblichkeit? Unsterblichkeit, so erklärt sie mir, das ist, wenn du einen Film ansiehst, prall gefüllt mit Leben, mit einem Happy End, in wunderschönen, ultramodernen CinemaScope-Farben, leuchtenden Safran-, Zinnoberrot- und Türkistönen, und dir dann auf einmal bewusst wird, dass die Schauspieler bereits tot sind. Das ist etwas, was ihr klar ist und mir nicht. Da sitzt sie und sieht mich erwartungsvoll an in ihrer neu gewonnenen Kompetenz, wie ein gnädig gestimmter Schachspieler, der bedauert, dass er sich seines nächsten Zuges schon sicher ist. »Das ist die Realität«, so scheint sie mir zu sagen. Doch ich wehre mich dagegen, versuche, sie davon zu überzeugen, dass die Unsterblichkeit besser ist, als sie glaubt, dass sie in der Liebe besteht, die zurückbleibt, wenn ein Mensch erst einmal weit fort ist. Und ich füge hinzu: »Na, was sagst du zu meiner Theorie?« Ich provoziere sie mit meiner grenzenlosen Zärtlichkeit. Sie muss sich konzentrieren. Mein Satz muss erst einmal in ihrem Hirn ankommen, das in dem Moment einem Landstrich gleicht, in dem die Entfernungen von einem Punkt zum nächsten beträchtlich sind. Es dauert ein, zwei Sekunden, dann hellt sich ihre Miene auf. Sie nickt zum Zeichen ihres Einverständnisses. Sie signalisiert so klar und deutlich ihre Zustimmung, meine Mutter, dass sie beim Nicken ihren Kopf zur Seite neigt, so wie sie es früher tat, um ein vollendetes Werk zu begutachten; einen geschmückten Tannenbaum, eine mit Heftstich markierte Naht an einem Rock, all diese Leistungen, auf die man stolz sein kann. »Was du da sagst, ist nicht falsch«, bemerkt sie gedankenverloren. In dem Moment erfüllt mich unbändiger Stolz, und ich fühle mich unheimlich kompetent.

Andere Male irre ich mich und tappe daneben, auf ebenso unselige Weise, wie sie zuweilen ihr Ziel verfehlt und fällt, nicht weit von ihrem Sessel, aber eben leider nicht in ihn hinein. Meine Mutter lässt sich kein X mehr für ein U vormachen. Das ist der letzte Punkt, in dem sie, eine Frau, deren Autorität einst ungeheuerlich war, noch die Oberhand hat: dass sie uns von nun an prüfende Fragen zum Thema Leben und Tod stellt, um eine Einschätzung davon zu gewinnen, ob sie mit uns auf Augenhöhe über die tieferen Einsichten sprechen kann, die ihr hierzu inzwischen zuteilgeworden sind. Um herauszufinden, was wir vielleicht an zusätzlichen Erkenntnissen beitragen könnten. Eine zündende Idee würde sie vor dem Untergang bewahren.

Für den, der in ihr Zimmer tritt und sie erblickt, ist da zunächst nichts als ein Lächeln. Ihr kurzes weißes Haar ist füllig und fein und umflort ein Gesicht, das zum Licht selbst geworden ist. Als junge Frau hatte sie kastanienbraunes Haar, doch in ihren Träumen war sie blond, mit blassem, französischem Teint. Heute schimmert ihr Haar, viel besser noch, perlmuttfarben, wie eine jener Muscheln, die einem die Kinder bringen, weil sie die schönsten, die weißesten sind. Ihre Haut ist makellos und von einer Strahlkraft, die keiner der zahlreichen Altersflecken zu trüben vermag. Mit ihren weicher gewordenen Konturen und ihren Falten, nützlichen Falten und nicht etwa abscheulichen Anzeichen einer versiegten Quelle, die einzig dazu dienen, das Lächeln zu ermöglichen, ist sie liebreizender denn je zuvor. Diese These, dass das Alter die Frauen hässlicher macht, ist das nicht eine der größten Lügen überhaupt?

Sie lächelt. Und ich kenne dieses Lächeln. Es ist das Lächeln ihrer Eltern, das Lächeln, durch das sie, Armenier und Fremde in Frankreich, ihre hehre Gesinnung zum Ausdruck brachten. Jenes Lächeln, mit dem sie vermittelten: »Wir haben Zugang zur Herrlichkeit dieser Welt.« Das Lächeln der ehrbaren Person, die auch den anderen Menschen stets gute Absichten unterstellt. Ein Lächeln auch, das besagt: »Tut mir nicht weh«, »Ich will euch nichts Böses«, »Selbst wenn es mir nicht gutgeht, versuche ich euch hochachtungsvoll zu begegnen«. Ein Lächeln, das den Meinen gleich einem Gen eingepflanzt ist. Das Lächeln einer Person, die in jeder Lebenslage um kultiviertes Benehmen bemüht ist, sofern kultiviertes Benehmen wirklich das ist, was ich mir darunter vorstelle: eine aufgeschlossene, zuvorkommende Art, mit der man anderen begegnet.

Wenn ich als kleines Mädchen ärgerlich war, pflegte meine Mutter zu mir zu sagen: »Komm, schenk mir ein Lächeln.« Ich hatte natürlich keine Lust dazu, ach Gott, mit jeder Faser meines Herzens sträubte ich mich dagegen in meinem Zorn, meinem inneren Zwiespalt und meinem Kummer, sträubte mich mit Händen und Füßen. Aber was sollte ich schon tun angesichts der Bitte meiner Mutter? Sie beugte sich zu mir winzigem Geschöpf herunter und bekniete mich so eindringlich, dass ich mich wie eine Gottheit fühlte, zunächst einmal gesegnet mit der Macht, sie zu verdrießen, und gleich darauf dann mit der hinter meinen destruktiven Anwandlungen aufgekommenen Freude, mich schließlich doch zu öffnen.

Um mich herum gibt es zahlreiche Frauen, die jünger sind als ich und deren Mütter noch dementsprechend bei Kräften sind, arbeiten, sich verlieben und ihre Macht voll entfalten. Diese Frauen sind in dem Alter, in dem eine Mutter noch eine eifrig besorgte Person ist, von der man sich freistrampeln muss. Genörgel von Freundinnen, und ich höre ihnen mit einem liebevollen Gefühl im Herzen zu. Die nervtötende Art, mit der ihre Mütter auf Dingen beharren, diese ganz gewissen Fragen, die sie so meisterlich beherrschen und die einen auf die Palme bringen, diese Bemerkungen zu der Art, wie man sich kleidet, die Haare trägt, der Blick, mit dem Mütter Männer betrachten, ihr Groll gegen den Vater oder auch das neutrale und von Ernüchterung geprägte Bild, das sie einem von ihm vermitteln; die lästigen Verpflichtungen, die einem eine Mutter aufbürdet, Familienessen, Erinnerungen an Geburtstage, Leute, die man dringend anrufen soll – unliebsamer Kram, den eine Tochter umso leichter vergisst, je weniger er ihr am Herzen liegt. Der Klotz am Bein, den eine Mutter darstellt. Ein Klotz, den man hinter sich herschleift. Genau wie ich selbst meinen Klotz über Jahre hinweg hinter mir hergeschleift habe. Ich war der Ansicht, meine Mutter hindere mich daran zu leben, ließe mich nicht los, trage die Schuld an meinen Misserfolgen. Und die Momente, in denen ich über mich selbst hinauswuchs, meine schreiberischen Leistungen und meinen Einfallsreichtum, ja, meine gesamte Existenz, dürfte ich als meinen alleinigen Sieg verbuchen.

In Wahrheit hatte ich im Kindes- und Jugendalter eine so enge Bindung zu ihr, dass sie mir meine beste Freundin war. Nach meiner Mutter hatte ich nie wieder eine »beste Freundin«. Doch so ausgeprägt meine Bindung zu ihr war, so ausgeprägt war auch meine Revolte. In der Zeit vor meinem achtzehnten Geburtstag war ich ein wandelndes Bündel Vorwürfe gegen diese Mutter, die ihr Leben lang nie gelogen hat, der allerdings zugleich nur allzu selten ein Kompliment über die Lippen kam, jene Sätze wie »Du bist hübsch«, die man als Tochter so dringend hören möchte. Ich musste selbst eine Liste mit meinen Vorzügen und Stärken erstellen. Mein Körper war das Beste, was ich besaß. Aber keine Chance, sie sprach nie über das Thema Körper. Ich nahm an, sinnlicher Genuss sei für sie ein Fremdwort. Ich dachte, sie habe keine Ahnung von der Liebe. Und ich verurteilte sie dafür. Die Einzigen, die sie zu lieben verstanden hatte, waren ihre Kinder. Und dann war ich ja auch noch überzeugt davon, dass sie meinen Bruder lieber mochte. Er war für sie über alles erhaben. »Dein Bruder hat eine Haut wie ein junger Pfirsich.« Aha, und was war mit meiner Haut? Doch eines Tages waren wir plötzlich zwei, die über sie richteten: Mein Bruder stieß nun ins gleiche Horn. Seiner Einschätzung nach hatte sie mich lieber, da sie wusste, dass ich intelligent war. Und diese Mutter, die gerecht und aufrichtig sein wollte, hatte letztendlich ihre beiden Kinder gegen sich.

Was ist von der Revolte geblieben? Ach, ich liebe diese kleine Frau, die nicht von dieser Welt scheiden will, so heiß und innig. Den Krieg, den ich führe, führe ich nicht mehr gegen sie. Es ist vielmehr ein Krieg, den wir Schulter an Schulter gegen den übermächtigen Feind führen. Die Zeit nimmt uns als Geisel. Und sie wird einen Menschen pro Stunde töten.

Meine Neffen gehen sie soeben begrüßen und knuffen einander in die Schultern, während sie sich ihr nähern. Sie wirken auf mich wie zwei kleine Lamas, die aus gutem Grunde nervös und kampflustig werden angesichts der drohenden Gefahr, des schroffen Abgrunds, der sich da plötzlich in den Bergen vor ihnen auftut. Schroff, oh ja, und sie sind sich dessen bewusst. Wenn sie meiner Mutter gegenüberstehen, sehen sie mit eigenen Augen, auf welch unheimliche Art und Weise die Zeit uns verändert. Dass es da kein magisches Schwert gibt. Dass selbst der Herr der Ringe vor diesen Palasttoren innehält. Und nebenbei auch, wie die Macht der Erwachsenen schließlich schwer ins Wanken gebracht wird. Jedes Mal wenn mein Bruder meine Mutter zurechtweist oder ermahnt, sind sie zutiefst erschüttert. Meine Mutter selbst bekümmert sich gar nicht darum, sagt nur: »Meine Süßen …«, und breitet die Arme aus. Sie geben ihr einen Begrüßungskuss und treten daraufhin sogleich wieder den Rückzug an, kichernd in einer Mischung aus Ehrfurcht und Verlegenheit. Ihnen macht es mehr als allen anderen zu schaffen, dass sie alt ist. Zugleich sind sie fasziniert davon, dass keiner wirklich etwas gegen sie zu sagen vermag – all den Predigten, die sie von sämtlichen Seiten zu hören bekommt, zum Trotz. Gerade erst wurde ihr vorgehalten, dass sie nicht genügend Wasser trinke. Man behandelt sie wie ein Baby. Doch sie sagt nur erneut zu ihren Enkeln: »Meine Süßen …« Das ist alles. Für sie bedarf es keiner weiteren Worte mehr, und so begnügt sie sich fortan damit, sie stumm zu mustern, genau wie sie uns alle in letzter Zeit mustert.

Der Kleinere stellt Fragen. Er ist elf. Er setzt sich über das Mysterium hinweg, das diese Frau umgibt, und will wissen, ob sie eine zusätzliche Decke benötigt, ob ihr Kissen richtig liegt, ob sie vielleicht gern etwas Sirup in ihr Wasser hätte, oder er fragt gleich, ob sie einen Pastis möchte, den zu dosieren sie ihn gelehrt hat. Er versteht es glänzend, Wünsche zu erahnen, abzuspeichern und im Kopf zu behalten. Der Ältere, der dreizehn ist, mimt den Zerstreuten. Er setzt sich so weit seitlich gewandt, dass er ihr, zutiefst anrührend in seiner jugendlichen Unbeholfenheit, fast schon den Rücken zukehrt, um dem Unerträglichen auszuweichen, nämlich dem Umstand, dass er von ihr vergöttert wird. Vielleicht wegen der Wohltaten, die ihm dadurch zuteilwerden. Sie wünscht seine Haut zu berühren. Er weiß nicht, wie er reagieren soll. Wagt es nicht, es ihr zu verweigern. Schiebt den Ärmel seines Pullovers hoch und streckt ihr halbherzig einen Arm hin, über den sie behutsam ihre Hand gleiten lässt.

Wie meine Neffen schwanke auch ich selbst angesichts der Liebe zwischen zärtlicher Fürsorge und Angst.

Der erste Sturz meiner Mutter liegt vier Jahre zurück. Damals glaubte ich noch, blutige Anfängerin, die ich war, ach Gott, dass man helfen könne, ohne sich dieser Aufgabe mit Haut und Haar zu verschreiben. Eine Mutter, die am Boden liegt, so sagte ich mir, die hebt man einfach wieder auf (zu zweit, zusammen mit der Hausmeisterin des Gebäudes) und packt sie in ihr Bett, damit sie sich von dem Schock erholt; der Rest gibt sich, und sie kommt von allein wieder auf die Beine. Ich wurde eines Besseren belehrt. Meine Mutter lag in ihrem Bett, mit zwei Knochenbrüchen und gerissenen Bändern, und wartete ergeben auf den Tod. Sie lehnte es ab, dass ich einen Krankenwagen rufe. Oder einen Arzt. Lehnte jegliche medizinische Behandlung ab. Weigerte sich zu essen. Weigerte sich, Wasser zu trinken, als handle es sich dabei um eine gefährliche Mixtur, der heimlich Tropfen beigemischt worden seien, dazu angetan, ihre Abwehrkräfte komplett zu zerstören. Es war, als renne man gegen eine Panzertür, meine Mutter machte komplett dicht. Sie weigerte sich selbstredend zu lächeln – und wie naiv von mir, dies in einer solch desolaten Lage von ihr zu verlangen.

Ich ließ sie allein zurück. Und stand kaum am Aufzug, als ich bereits losschluchzte, weil ich mich so unfähig fühlte.

Ich entsinne mich noch gut, wie ich zu Hause in meinem Bett lag und die ganze Nacht kein Auge zutat, während ich mir einredete, dass ich das nicht könnte. Doch *was* könnte ich eigentlich nicht? Ihr helfen? Sie pflegen? Nein. Was war es dann, das ich nicht könnte? Was erschien mir denn hier als der reinste Weltuntergang?

Ich könnte ihr nichts geben, das war es. Von einer Mutter möchte man etwas empfangen.

Als die Morgendämmerung nahte, hatte ich die Möglichkeitsform hinter mir. Das »könnte nicht« war jetzt zum »Ich werde es nicht können« geworden. Immerhin implizierte diese Form eine Zukunft. Und diese Zukunft begann bereits konkrete Gestalt anzunehmen. Um acht Uhr morgens war es dann schließlich so weit, ich hatte mein Schicksal akzeptiert. Ich stand auf, fuhr ohne weitere Umwege zu meiner Mutter und setzte mich auf einen Stuhl neben ihr Bett: »Mama«, sagte ich ihr zum ersten Mal seit meiner Kindheit, »ich hab dich lieb. Du bist alles, was ich im Leben habe. Und wie könnte ich dich, wo ich dich doch liebhabe und du alles bist, was ich im Leben habe, mutterseelenallein, ohne dass sich einer um dich kümmert, in diesem Bett dahinkümmern lassen? Das könnte ich nicht. Hör zu, ich möchte, dass du deine Zustimmung dazu gibst, dass ich den Arzt rufe, damit er einen Krankenwagen bestellt; du wirst dann zwar im Krankenhaus sein, aber dafür wirst du medizinisch versorgt, und ich hab dich lieb. Und ich werde dir Mut machen, das schaffe ich. Einverstanden?«

Diese unvergessliche Sekunde, in der ich voller Spannung auf ihre Antwort wartete.

»Ja, ich bin mit allem einverstanden«, erklärte sie. Und später im Krankenwagen dann ihr bezauberndes Lächeln, das sie trotz der Schmerzen, die sie litt, wiedergefunden hatte: »Sophie, du überraschst mich.«

Erwachsenwerden, das vollzieht sich erst eine ganze Weile, nachdem man körperlich ausgewachsen ist, möchte man meinen.

Sie fragte mich, ob ich an die Existenz Gottes glaube. Ich antwortete ihr irgendetwas Vages, etwas, womit ich sie auf subtile Weise zu manipulieren hoffte, indem ich die Diskussion mit der Feststellung eröffnete, dass man es schließlich und endlich nicht sicher wüsste, und mich über die Mächte ausließ, die möglicherweise im Spiel waren. Kurzum, ich rackerte mich mit den Kaninchen ab, die man aus dem Hut zaubert, um der Person beizustehen, die sich, noch eh das letzte Wort gesprochen ist, an Gott versucht. Sie, die mich in- und auswendig kennt, fragte, leicht verwundert über meine plötzlichen esoterischen Anwandlungen: »Du wirst mir doch nicht erzählen, dass du betest?« Ich erwiderte, die Hand aufs Herz gepresst: »Wenn man schreibt, dann betet man auch.«

Sie warf mir darauf einen dieser Blicke zu, die sie normalerweise für die Farbe Schwarz reserviert hat, eine Farbe, die sie auf den Tod nicht ausstehen kann, und sagte: »Auweia … Bete bloß nicht für mich, hörst du?« Ich wollte wissen, weshalb. Und sie erwiderte: »Lenk bitte nicht die Aufmerksamkeit auf mich.« Und ich begriff, dass sie immer noch, wie eine Geisel, von bodenloser Angst vor dem unabwendbaren Schicksal erfüllt war und sich in letzter Zeit im hintersten Winkel des Waggons verbarg, um nicht als Nächste herausgepickt zu werden.

Es gab eine Phase, in der sie, die doch Schwarz nicht leiden kann, Gefallen daran fand, bei Einbruch der Nacht ein Weilchen im Finstern zu sitzen. Sie machte kein Licht, und eines Tages gestand sie mir schließlich, den Kopf zur Seite, in Richtung Wand gedreht – die letzte Ausweichmöglichkeit, die ihr fortan bleiben würde –, dass Gott die Nachzügler vielleicht im Halbdunkel nicht so gut erkennen würde. »Und tagsüber?«, fragte ich, um ihr die Absurdität ihrer Argumentation vor Augen zu führen. Ihre Antwort: »Tagsüber hat Gott zu viel zu schauen, Landschaften und Leute, die kreuz und quer laufen – weshalb sollte er mich, die ich so klein bin, die ich so stark geschrumpft bin, da bemerken?« Und hoffnungsvoll fügte sie hinzu: »Ich bin doch geschrumpft, findest du etwa nicht?«

Seit einiger Zeit hat sich das gewandelt. Eines schönen Abends gelangte sie zu dem Schluss, dass sie ein Stern sei und wie jeder andere Stern leuchte. Ihr Stern sei, so erklärte sie mir, auch lang nach dem Verlust der Jugend noch ein unvermindert markantes Erkennungszeichen, das weiterhin strahlend hell sei und dessen Spur bis zu ebenjener Jugend zurückreiche. Daher sei es doch besser, das Licht einzuschalten, sobald es Abend werde. Denn sonst werde man als Stern selbstverständlich gerade im Dunkeln aufgespürt.

Wenn die Menschen alt sind, mögen sie kein Weihnachten. Zunächst einmal, weil sie sich nicht stark genug fühlen, um sich der jubelnden Menge derer anzuschließen, die noch voll bei Kräften sind. Das deprimiert sie. Dann aber auch, weil sie nicht mehr aus dem Haus können, um durch die Läden zu touren, und weil sie mit ihrem erfahrenen Blick den ganzen Zirkus um die Geschenke ohne alle Illusionen betrachten. Für dich als autonom lebenden Erwachsenen mögen die Geschenkbänder, die du kräuselst, die Energien, die du in letzter Minute in einem Geschäft entfaltest, das eigens deiner Saumseligkeit wegen am 23. Dezember abends noch geöffnet hat, vielleicht eine lästige Pflicht sein. Doch dein mangelnder Elan ist nichts im Vergleich zu der abgrundtiefen Niedergeschlagenheit, die den alten Menschen Ende Dezember überwältigt.

In einem Jahr stürzt meine Mutter in den Tagen vor Weihnachten drei Mal binnen einer einzigen Woche. Das eine Mal rutscht sie aus dem Bett. Sie bleibt zwei Stunden am Boden liegen, in der Hoffnung, dass einer anruft. Denn sie ist in dem Augenblick nicht mehr in der Lage, sich unsere Telefonnummern ins Gedächtnis zu rufen, ja, sie kommt nicht einmal mehr darauf, wie man das Telefon überhaupt bedient, wie diese Apparate funktionieren. Ich rufe an und vernehme ein hauchdünnes Stimmchen am anderen Ende der Leitung: »Nun, also ich liege hier unten auf dem Boden.« Ich eile zu ihr. Und finde sie im Dunkeln, neben ihrem Bett, den Kopf auf dem Parkett. Ich stehend, sie auf die Erde hingestreckt. Ich kauere mich neben sie. »Bloß kein unnötiges Aufhebens«, erklärt sie. Sie spielt die Angelegenheit herunter, will nicht unsere ganzen Festtagspläne zunichtemachen, hat keine Lust, in der Woche, in der alle Welt glücklich ist, ins Krankenhaus einzurücken, sie will uns nicht um die Weihnachtszeit bringen, die ganz und gar den Kindern gehört. »Mir tut nichts weh«, erklärt sie vorsorglich. Doch als ich die Arme nach ihr ausstrecke, verkrampft sie sich sichtlich. Ich muss mich neben sie aufs Parkett legen, muss es ihr gleichtun und dieselbe Position wie sie einnehmen, um nachzuvollziehen, wie das ist; und ihr dann demonstrieren, wie ich es in dieser Lage anstelle, wie ich mich zunächst auf die Seite rolle, mich von dort auf alle viere hochziehe und dann aus dem Vierfüßlerstand in die Hocke gehe, um mich schließlich an der Bettkante festzuhalten und mich aus eigener Kraft aufzurichten, bis ich, ohne mich irgendwo anzustoßen, zum Stehen komme.

Doch allein sich auf dem Boden herumzudrehen ist für sie schon zu anstrengend. Zu guter Letzt akzeptiert sie, dass ich sie aufhebe und zurück ins Bett trage.

Am Tag darauf rutscht sie erneut aus. Diesmal gleitet sie Maria, der Hausmeisterin des Gebäudes, die heraufgekommen ist, um ihr bei der Morgentoilette behilflich zu sein, aus den Händen. Maria schafft es nicht, den seifenglitschenden Körper festzuhalten. Und am nachfolgenden Tag geht das Spiel von vorne los, als sie aus ihrem Sessel wegrutscht.

So harmlos diese »Ausrutscher« auch scheinen mögen – für die Ärzte sind sie ein vertrautes Phänomen. Und sie verheißen nichts Gutes. Der Beweis dafür ist für mich, dass meine Mutter, nachdem sie ihre drei Stürze widerstrebend an den Fingern abgezählt hat, beschließt, kein Risiko mehr einzugehen, nicht einmal mehr das zu leben. Sie gedenkt bis zum Ende ihrer Tage im Bett zu bleiben und sich mit ihrem körperlichen Verfall zu arrangieren, an dem sie nichts Negatives mehr zu erkennen vermag.

Maria ist untröstlich. Diese Frau war durch nichts darauf vorbereitet, ein menschliches Wesen fallen zu lassen. Denn genau daran dachten wir beide, sie und ich, während wir meine Mutter unter großer Mühe zu dem mit einem Schutzlaken bezogenen Bett hinüberschleppten. Wie ich schon erwähnte, nährte meine Mutter selbst die Vision, in unmittelbarer Zukunft auf diese Weise zu sterben, nämlich indem sie den Lebenden aus den Händen glitt. Die Geschichte nahm in ihrer Vorstellung einen so ernsten Ausgang, dass sie eine ganz neue Autorität daraus bezog. »Lasst mich doch einfach … Kommt, lasst mich …«, erklärte sie immer wieder, wobei sie für nichts anderes mehr Augen hatte als das, was die Verdammten vor sich sehen. Der Arzt war gekommen, aufgekratzter denn je, da er gerade in ein neuartiges Gerät zur Milderung erster feiner Fältchen bei jungen Frauen investiert hatte. Er war ein blendend aussehender Typ, der, berauscht von der Hoffnung auf eine goldene Zukunft, jeden Kampf zu gewinnen trachtete … »Wie könnte man es ihm verdenken, dass er sich für den angenehmen Weg entscheidet?«, hatte meine Mutter einmal bemerkt. Er stand mit der Antriebslosigkeit alter Leute auf Kriegsfuß. Und sein Beitrag war damit genauso unproduktiv wie mein eigener angesichts der Antriebslosigkeit meiner Mutter. So konnte er beispielsweise keinen Krankenwagen rufen, da man einen alternden Menschen nicht in die Notaufnahme bringt. Sie war ja nicht krank. Man musste auf einen Bruch, auf klare Fakten hoffen, die das abstruse Drama dieses langsamen Verfalls ablösen würden. »Man sollte darüber nachdenken, sie in ein Heim mit medizinischer Betreuung zu geben«, hatte er schließlich vorgeschlagen, den Fuß bereits auf der Schwelle. Ich dachte an die Male zurück, die wir meine Mutter ins Krankenhaus hatten bringen und sie aus ihrer vertrauten Umgebung herausreißen müssen. Sooft die zwei zuständigen Sanitäter die schmale Bahre hochgenommen hatten, auf die man sie zwangsverfrachtet hatte, hatte ihr flehender Blick nicht mir, sondern ihrer Wohnung gegolten. Ich wollte diese Situationen nicht mehr. Zur Enttäuschung des Arztes weigerte ich mich, die Prospekte entgegenzunehmen, die er mir hinhielt. Darin waren unter anderem die Häuser mit medizinischer Betreuung in Paris aufgelistet. Er schüttelte mir die Hand, und ich wusste, dass dies die Sorte Abschied war, die man von jemandem nimmt, für den man nichts mehr zu tun vermag.

Als der Arzt gegangen war, war unser letztes Fünkchen Hoffnung verflogen. Marias Schluchzen in der Küche war der reinste Fado, auch wenn sie sich darum bemühte, leise zu weinen, um meine Mutter nicht noch weiter zu deprimieren. Ich versprach, dass man mit etwas Phantasie eine Lösung finden werde. Ich stellte meiner Mutter Hilfe in Aussicht, umfassende Hilfe. Binnen einer Woche holte ich zwei weitere Personen mit ins Boot, deren Unterstützung sich als so wertvoll erwies, dass ich mich fragte, wie wir bloß so vermessen gewesen sein konnten zu glauben, wir würden ohne sie auskommen. Ich machte einen Facharzt für Geriatrie ausfindig, der mit dem Thema eingehend vertraut war. Daraufhin ging es uns allen besser. Doch je stärker ich Maria, die sich so treu aufopferte, entlastete, je mehr Zeit für sich selbst ich ihr verschaffte, in der sie ins Schwimmbad fahren und ihren Nacken lockern konnte, je öfter ich ihr sorgenfreie Sonntage ermöglichte, an denen sie meine Mutter einmal eine Weile vergessen konnte, je eindringlicher ich ihr versicherte, dass die neue Regelung mehr Vorzüge besaß als die alte, und je mehr ich mich selbst dazu beglückwünschte, dass es vor allem meiner Mutter besser ging, nun, desto tiefer stürzte ich Maria in die Verzweiflung. Es war, als stützte ich mich auf ihr Versagen. Man kommt sich so dämlich vor, wenn andere das, was man selbst nicht mehr zu leisten vermag, glänzend meistern. Und ich musste ihr gut zureden, musste sie moralisch aufrichten und sie an mein Herz drücken. Ihr wieder und wieder klarmachen, dass weder sie noch ich allmächtig waren.

Als habe eine Art Gedankenübertragung stattgefunden, erhält meine Mutter genau in der Zeit, in der sie sich hartnäckig im Bett vergräbt, Post von der Friedhofsverwaltung. An jenem Tag habe ich kaum den Fuß über ihre Schwelle gesetzt, als sie mir auch schon mitteilt: »Ich glaube, ich habe einen anonymen Brief bekommen.« Der Brief liegt auf ihrer Daunendecke, zwischen dem Radiogerät und dem Telefon. Sie weigert sich, ihn anzurühren, und deutet lediglich mit dem Kinn darauf. Doch ich sehe, dass der Brief geöffnet ist, und vermute stark, dass sie ihn auch gelesen hat. Es geht um das Grab ihrer Eltern. Man teilt meiner Mutter mit, dass zum einen die Nutzungsfrist abgelaufen und zum anderen kein weiterer Platz mehr im Grab sei. Ich falte den Brief zusammen und schiebe ihn in den Umschlag zurück. Ich lasse mir Zeit. Nun ist also der Augenblick gekommen, meine Mutter zu fragen, ob es ihr zusagen würde, neben ihren Eltern bestattet zu werden. Ich blicke ihr fest in die Augen und packe den Stier bei den Hörnern: »Wo möchtest du denn später einmal beerdigt werden?« Ich setze ihr den Inhalt des Schreibens auseinander. Den Grabnutzungsvertrag der Eltern, die Möglichkeit, ihn zu erneuern und Platz für einen weiteren Sarg zu schaffen. »Wo liegen sie denn?«, erkundigt sie sich. »Auf dem Friedhof von Thiais«, erwidere ich. Sie schneidet eine Grimasse: »Wo ist das denn bitte?« Ich: »Na, das weißt du doch, in Thiais … nicht weit von Paris.« Sie runzelt die Stirn. »In einem Vorort?« Ich räume ein, dass dem so ist. »In Thiais, in einem Vorort …«, wiederholt sie und lässt den Kopf nach hinten ins Kissen sinken, niedergeschmettert von ihrem schweren Los. Ich führe ins Feld, dass ein Grab in Thiais immerhin bedeuten würde, dass sie bei ihren Eltern läge. Ihrem Papa. Ihrer Mama. Aber Fehlanzeige! Sie erklärt: »Das sind ja finstere Aussichten. Das wird alles andere als lustig werden.« Sie reibt das Kinn an der Schulter, ihre typische Geste, um ihre Verlegenheit zu kaschieren. Zwischen uns herrscht Schweigen. Ich halte den Brief in Händen, dieses Schreiben zum Thema Tod, in dem das Wort nicht verwendet wird. Ich frage, wie denn nun unsere Entscheidung aussieht. Weiterhin hartnäckiges Schweigen vonseiten meiner Mutter. Ich fasse mir ein Herz und wage einen erneuten Vorstoß: »Würdest du lieber neben Araxie liegen?« Araxie, das war ihre Schwester, ihre kleine Schwester Araxie, die mit dem großen Soziologen Pierre Bourdieu zusammenarbeitete und der die Welt so viele neue Ideen verdankt. »Liegt Araxie nicht ebenfalls in Thiais?«, fragt sie. Ihr Gedächtnis funktioniert immer dann wieder, wenn man am wenigstens damit rechnet. Ich gebe zu, dass dem so ist, dass Araxie ebenfalls vor den Toren der Stadt begraben liegt. Sie verschränkt die Arme und schiebt die geballten Fäuste unter die Achseln. »Da will ich nicht hin«, verkündet sie energisch. Ich frage, wo sie am liebsten hinmöchte. Wenn sie die Wahl hat. Und als ich das Wort »Wahl« ausspreche, fühle ich mich angesichts meiner unwürdigen Fragerei ganz klein und mies. Sie starrt die Decke an, von der sie von nun an auf mysteriöse Art Dinge abliest. Ich sitze gequält daneben, in der Hand den Brief, den Kopf voll von Gedanken an den Tod. Ich erwarte, dass meine Mutter mir ihren Willen in die Feder diktiert, der da lautet: »Ich wäre gern an einem neuen Ort, nicht an einem Ort, der im Bann der Toten und der Vergangenheit steht.«

Es stellt sich heraus, dass der Friedhof von Montparnasse, auf dem mein Vater begraben liegt, ihr eher zusagen würde. Er befindet sich in der Nähe des *Le Select*, einem ihrer Lieblingscafés.

Der kleine Friedhof in Sainte-Maxime an der Côte d'Azur. Angesichts des fortgeschrittenen Alters meiner Mutter hatte der Wärter erlaubt, dass wir mit dem Auto bis zur Grabstelle fahren. Ich rollte in Schrittgeschwindigkeit, und meine Mama musterte mit einem reichlich unfreiwilligen Anflug von Interesse die Umgebung. Zu beiden Seiten ragten die Kreuze und steinernen Grabtafeln auf. Und selbst die Bienen wurden schier wahnsinnig bei dem Versuch, in den künstlichen Blumen Honig zu sammeln. Meine Mutter zog angesichts dieses Dekors empört die Brauen hoch, so als wollte sie sagen: »Ich glaube, ich träume, das ist ja wohl abartig, was man hier sieht, oder?« Ich selbst betrachtete diesen Friedhof, auf dem auch noch Unmengen von Geranientöpfen und Fettgewächsen mit winzigen Blüten in allen Farben standen, und erwiderte zögernd: »Nun, es ist immer noch besser, hier zu liegen, als woanders, findest du nicht?«

»Hast du noch mehr solcher großartigen Sätze auf Lager?«, fragte sie.

Ich hatte den Wagen kurz vor dem Grab zum Stehen gebracht. Weiter konnten wir nicht fahren. Der baumgesäumte Weg, der nun folgte, war zu schmal. So als wolle man den Betreffenden auf diese Weise mitteilen, dass sie dort hinten allein sein würden. »Geh du mal schauen«, hatte meine Mutter mich angewiesen. Vermutlich wollte sie überhaupt nicht aussteigen, sondern einfach sitzen bleiben, und ich sollte ihr das Ganze beschreiben. Ich selbst war ausgestiegen. Es war Morgen, folglich ringsum Bienen, Schmetterlinge, Vögel, kurz, die flirrende Energie des Sommers und die Luft erfüllt von sinnlosen Verheißungen. Ich hatte mich vorgewagt, hatte das Grab inspiziert und den auf dem Stein eingravierten Namen gelesen, den Namen von der Freundin meiner Mutter. Und der Stein lastete gleichsam wie Blei auf meiner Seele. Mein Gott, wie bedeutungsschwanger das war, ein toter Leib und ein Name. »Und?«, fragte meine Mutter mit ängstlicher Stimme. Darauf ich: »Es ist da.« Und von ihr nur dies eine, gebieterische Wort: »Zeig!« Ich stand jetzt zu ihr gewandt, und sie besah meine Hände. Vergebens: Ich konnte ihr nichts herüberbringen. Dort hinten, da lag ihre Freundin, die umwerfend Schöne, die Todschicke, die personifizierte *French Riviera* (wie meine Mutter zu sagen pflegte). Die Freundin, die sie jeden Sommer traf und die erklärte: »Wir werden niemals sterben. Das ist ja todlangweilig, sterben!« Die mit achtzig noch blutjunge Männer verführte, einzig und allein, weil sie selbst die kleinsten Alltagsmomente noch mit etwas Vergnüglichem zu füllen verstand. Die sagte: »Wir zwei sind doch wirklich zum Piepen« und sie so zur Verbündeten erklärte, ihre Schwester, die jünger war als sie – und ihre Freundin: meine Mutter. Sie waren vereint durch ihren Humor. Mit einem gewissen Humor kann man sich nämlich durchaus eine Zeit lang für unsterblich halten.

Oben auf dem Hügel drüben die Villen von Guerrevieille. Die unersetzliche Freundin hatte über zwanzig Jahre lang in einem dieser Häuser gelebt. Ein privates Anwesen, in dem man sich dank der privilegierten Lage leicht gefeit wähnen konnte gegen die Unbilden des Schicksals, die den gemeinen

Sterblichen beschieden waren. Die steinerne Terrasse lag hoch oben über der Bucht. Kapitän Cousteau kochte Tee für uns. Dazu die bildschönen, barfüßigen Männer im lehmgrauen Gewand. Ein Haus, das nach ihrem Tod verkauft worden war. Schützt Vornehmheit also vor gar nichts?

Ich hatte meiner Mutter zum dritten Mal eindringlich ans Herz gelegt, die paar wenigen Schritte zu tun, derer es bedurfte, um ihrer Freundin ihre Aufwartung zu machen. Sie hatte sich kategorisch geweigert. »Nein, hier bleibe ich nicht.«

In aller Stille der Verstorbenen zu gedenken ist ein Luxus, der denen vorbehalten ist, die körperlich voll auf der Höhe sind.

Ihre Miene ist vergnügt, als sie mich vom Bett aus mit folgenden Worten begrüßt: »Im Grunde genommen bin ich überhaupt nicht krank.« Sie hat darüber mit Maria gesprochen, die morgens gegen halb zehn Uhr erscheint, um ihr ihren Tee zuzubereiten. Sie hat darüber mit Leila gesprochen, die gegen elf kommt, um sie aus dem Bett zu holen, ins Bad zu verfrachten und ihr bei der Morgentoilette zu helfen. Danach hat sie erneut mit Maria darüber gesprochen, die am Mittag wiederkommt, um für sie zu kochen. Anschließend mit Caroline, der Krankengymnastin, die sie zwingt, die Füße in einem vorgegebenen Rhythmus zu heben. Und dann noch einmal mit Leila, die sich zum Nachmittagstee einfindet. Des Weiteren hat sie mit einem Mitarbeiter der allgemeinen staatlichen Krankenversicherung darüber gesprochen, der an diesem Tag angerufen hat. »Moment mal, Mama … hast du den Leuten von der Sécurité sociale etwa gesagt, dass du gar nicht krank bist?« Sie kann es schlicht nicht fassen, dass mir das Kopfzerbrechen bereitet. »Was ist denn daran so schlimm?«, verteidigt sie sich mit unschuldig erhobenen Händen. »Ist das vielleicht keine gute Nachricht, dass mir nichts fehlt?« Ich setze ihr auseinander, dass mein Bruder und ich mit allen Mitteln darum kämpfen, dass die staatliche Krankenversicherung ihre Pflegekosten voll übernimmt und dass wir dieser gegenüber geltend machen, in welch hohem Maße sie auf Hilfe angewiesen ist, körperlich genauso wie seelisch. Ich, die ich mich ihr gegenüber für gewöhnlich eher verblümt ausdrücke, stehe nun da und nenne die Dinge beim Namen, denn in diesem Fall geht es ums Geld – und da teile ich die schnöde Mentalität der Lebenden.

Neuer Tag, neue Dummheit: Sie genehmigt sich um sieben Uhr morgens einen Pastis, um sich dem lästigen Zustand des Erwachens zu entziehen. Er stand noch auf dem Rollwagen neben ihrem Bett, nachdem sie am Abend zuvor vergessen hatte, ihn zu trinken. Man hilft ihr, aus dem Bett aufzustehen, und sie stürzt. Beschwipst.

Ein andermal lässt sie ein und derselben Person drei Mal hintereinander das Neujahrsgeschenk zukommen. Immerhin tausend Euro.

Und jedes Mal wieder fragt sie betroffen: »Habe ich etwa eine Dummheit begangen?«, um es dann mit selig verklärter Miene über sich ergehen zu lassen, dass man ihr die Leviten liest. Denn die Vorstellung, dass sie, eingeschränkt, wie sie ist, in ihrer Bewegungsfreiheit, imstande ist, solch denkwürdige Schoten zu liefern, scheint meine Mutter zunehmend zu erheitern.

Nun, da sie so vieles vergisst, kann sie die Freuden, die unerwartete Ereignisse mit sich bringen, in vollen Zügen genießen. Ich kündige ihr an, dass ich komme, und dann komme ich, aber sie hat schon wieder vergessen, dass ich komme, und es fehlt nicht viel, dass sie vor Begeisterung in die Hände klatscht. Jeder Besuch ist ein Geschenk des Himmels. Jede Begegnung mit einem anderen Menschen die erste. Jede Sorte Salzgebäck eine Leckerei, die es zu kosten gilt. Die Art und Weise, wie eine Blüte ihre Blätter öffnet: etwas nie Dagewesenes. Die Art und Weise, wie die Sonne sie an den Füßen kitzelt: ein Wunder. »Was meinst du, ist es nicht trotzdem absolut beglückend, dass man nicht mehr so ganz den Überblick hat?«, fragt sie mich. Doch wer ist dieses Genie, das mich hier das Leben lehrt? Ich gelange letztlich zu dem Schluss, dass erst die Unbeweglichkeit den Menschen Flügel verleiht. Wenn man sieht, wie hektisch sich die anderen abstrampeln, ohne etwas zu begreifen. Natürlich wird ihre Sorglosigkeit nur möglich durch eine gesteigerte Verantwortlichkeit meinerseits, denn ich bin diejenige, die an die Kleinigkeiten und das Selbstverständliche denken muss. Und ich akzeptiere das. Sie hat mir dieses Geschenk gemacht, als ich ein Kind war: mir die Last des Alltäglichen abzunehmen. Wie von Wunderhand hingezaubert standen plötzlich köstliche Pommes frites vor mir. Und auch das kostspielige

Geschenk, von dem ich ohne rechte Hoffnungen geträumt hatte, da ich wusste, wie teuer es war, lag an Weihnachten unter dem Baum. Wenn ich mein Bett satteln wollte, um es in einen Fuchshengst zu verwandeln, besorgte sie das Leder. Auch den Hafer hätte sie herbeigeschafft, wenn mich das glücklich gemacht hätte. Und, wenn sie über die nötigen finanziellen Mittel verfügt hätte, sogar das komplette Pferd. Ja, sie sorgte dafür, dass meine Kindheit eine echte Kindheit war. Jetzt kann ich mich gut und gern revanchieren.

»Das Unerwartete«, sagt sie, »ist sehr wichtig. Ihm ist es zu verdanken, dass man sich verliebt. Ganz unversehens, klick, erkennt man einen Menschen.« Man meint immer, dass ältere Leute etwas gegen das Neue, Unbekannte haben; doch es sind die Veränderungen, die sie nicht mögen. Sie hegen ein Misstrauen gegen Wandel und Bewegung in ihrem eigenen Dasein. Und wer würde schon gern »noch ein Stückchen« weitergehen, wenn er bereits am Rande des Abgrunds steht? Aber die Lebendigkeit der anderen, die sich Bahn bricht, ja, die begeistert sie. Mich möchte sie sich verändern sehen. Sie nimmt mich ins Gebet, wenn ich nichts Neues in mir aufkeimen lasse. »Verrenn dich nicht hartnäckig in etwas, was nicht funktioniert. Erlaube mir, dir zu sagen, dass du zuweilen eine wahre Leichenbittermiene zur Schau trägst. Wie bleiern und schwerfällig du so wirkst. Und gestatte mir die Bemerkung, dass es Tage gibt, an denen ich dich zu strebsam und beflissen finde. Man könnte meinen, eine Witwe mit Bildung. Wer hätte schon Lust, einer Witwe mit Bildung etwas Neues zu zeigen? Es steht alles irgendwo geschrieben, meine Liebe. Aber man sollte sich nicht zu sehr darum bemühen, alles zu lesen, denn sonst, Vorsicht, ist man nicht mehr offen für unerwartete Besucher in seinem Haus.«

Ganze Wochen, in denen sie keinen rechten Appetit mehr hat.

Sie hat sich so richtig schön bequem in ihrem Bett eingerichtet, rundum gestützt von ihren goldgelben Bouretteseidenkissen, und hat keinen Hunger. Voller Abscheu mustert sie das Tablett, das auf ihrem Bauch steht, den luftgetrockneten San-Daniele-Schinken und den Rucola. »Das krieg ich nicht runter«, erklärt sie, bevor sie überhaupt probiert hat. Man muss ihr erneut wie einem Kind den Sinn und Zweck der Nahrungsaufnahme auseinandersetzen und ihr klarmachen, dass sie sich schon ein wenig anstrengen muss. Ihr zum wiederholten Male erklären, dass man ihr bei bestimmten Kleinigkeiten des alltäglichen Lebens behilflich sein kann, wohingegen ihr hier, beim Thema Essen, keiner die Verantwortung abnehmen kann. Sie hört zu und pflichtet mir bei. Kopfnicken. Wird sie die Anstrengung unternehmen? Und es *wird* anstrengend sein, denn es kostet sie bereits unsägliche Mühe, ihre Gabel zu halten, so rapide schwinden die wundersamen Kräfte, mit denen uns das Leben gesegnet hat, dahin.

Die Hand meiner Mutter bewegt sich bis zum Mund hinauf, einem Mund, den sie nur mit äußerster Vorsicht öffnet, so als handle es sich um eine hauchfeine Membran, von der nur sie allein weiß, wie leicht sie reißen kann. Mühsam beginnt sie zu knabbern, während sie darum ringt, nicht zu sterben – zu sterben, weil sie erstickt, zu sterben, weil sie Schluckauf bekommt, zu sterben, weil sie sich verschluckt hat, den allseits bekannten, sogenannten »San-Daniele-Tod« zu sterben. Absolut wider ihren Willen zu sterben. Während sie mit jener Langsamkeit, wie sie in den Videos bestimmter Künstler zu beobachten ist, kaut, hat sie einen zartgliedrigen, von der Arthrose deformierten, altersfleckigen und dabei erhaben schönen Finger auf ihren Solarplexus gelegt, exakt auf die Stelle, wo der Tod ihr auflauert. Auf einmal verharrt sie so reglos, dass wir uns genötigt sehen, sie bei ihrem Namen zu rufen und uns zu vergewissern, dass sie wirklich noch hier, unter uns weilt. In einer letzten Aufwallung öffnet sie ihren Mund, um ihre abschließenden Worte in diese Welt zu entlassen. Wird sie sie noch aussprechen können, wenn diese viel zitierten wundersamen Kräfte sie verlassen? Ich frage sie, was sie sagen möchte, doch sie vermag weder zu antworten noch sonst wie zu reagieren. »K… Kann n… nicht m… mehr …«, bringt sie schließlich mühsam über die Lippen, worauf ihr Kopf seitlich wegsackt und auf die glückverheißenden Kissen sinkt. Hier geht ein Menschenleben zu Ende.

Doch kaum ziehe ich ihr das Tablett weg, schwingt sie blitzartig eine flinke Hand empor, um ihr Glas Rosé wieder an sich zu bringen.

Ihre Abhängigkeit von mir umschreibe ich als »mir vertrauen«. »Ich bitte dich einfach nur darum, mir voll und ganz zu vertrauen«, wiederholte ich in einem fort, während wir auf den Rollstuhl warteten. Sie wollte ihn nicht haben. Mein Bruder und ich hatten immer wieder mit Engelszungen auf sie eingeredet in dem Bemühen, sie von der Idee zu überzeugen. »Ein Rollstuhl, da seh ich ja aus wie eine Behinderte«, erklärte sie bestimmt. »Und, was bist du anderes als behindert, hm?«, entgegnete mein Bruder, denn natürlich eignete ihm jene verzweifelte Unbeholfenheit, die so typisch männlich war. Sie strafte ihn mit finsteren Blicken. Streckte ihm die Zunge heraus, wenn er ihr den Rücken kehrte. Und er verließ die Wohnung zutiefst bedrückt, beschämt darüber, dass es ihm nicht gelang, seine Mutter mit positiven Worten zu überhäufen. Doch kaum war er zur Tür draußen und kaum hatte sie ihm – der Form halber – ein letztes Mal die Zunge herausgestreckt, blickte sie zärtlich zum Eingang hin und fragte mich, wann er denn wiederkäme, ihr geliebter Goldjunge, und ob ich auch nett zu ihm sei.

Der Rollstuhl war eingetroffen, und sie war verängstigt. Ich dachte zunächst, der Auslieferer, der beim Entfernen der Plastikfolien fröhlich vor sich hin geträllert hatte, sei schuld daran. Doch als der Mann fort war, saß sie weiterhin seltsam gespreizt auf ihre Ellbogen gestützt, wie ein verschüchtertes Schulmädchen. Ich schob den Rollstuhl an ihr Bett, entschuldigte mich dafür, dass er schwarz war, versprach, alsbald einen Überzug zu besorgen, in Ecru, darauf gab ich ihr mein Wort, und wies im Übrigen auf die helle Seitenfläche der Reifen hin. Sie musterte nachdenklich den Gegenstand, dessen Vorzüge ich ihr hier anpries. Ich setzte mich hinein und wirbelte ein paarmal im Zimmer herum. Kurzum, ich gab mein Bestes, um ihr zu beweisen, wie herrlich das Leben mit diesem Stuhl sein würde.

»Wir werden sehen …«, lenkte sie schließlich ein.

Beim Verabschieden hielt ich ihr dann noch einmal vor Augen, wie stolz ihr Sohn wäre, wenn seine Mutter damit zu fahren verstünde. Eine völlig blödsinnige Bemerkung, die ihr aber wie Honig die Kehle runterging.

Am Tag darauf traf ich sie in ihrem Rollstuhl sitzend an, ein wenig erhöht, so wie man eben auf diesen Dingern sitzt. Ohne auch nur einmal Luft zu holen, sprudelte sie hervor: »Auf dich kann man sich verlassen. Du tust nur Gutes. In dir schlummert kein Funke Bosheit. Du warst dein Leben lang darum bestrebt, anderen gefällig zu sein. Ich hoffe, dass die Liebe dir keinen Kummer verursacht. Lass dir nicht zu viele graue Haare wachsen wegen deiner Mutter, die ist zäh. Vielleicht fange ich ja an zu beten. Oh, nicht für mich. Ich bin nicht scharf darauf, dass Gott auf mich aufmerksam wird, das habe ich dir ja bereits gesagt. Aber falls es einen Gott gibt, dessen Augenmerk man erregen kann, so wäre mir lieb, dass er seinen Blick auf dich richtet. Wenn ein Gott noch etwas tun kann, so für dich, meine Liebe.«

Man erkundigt sich, wie es mir geht, und ich erzähle daraufhin, wie es meiner Mutter geht. Dann in dem Café in der Nähe der Bastille der Freund, der mich versteht. Er ist außerordentlich intelligent, wenn denn Intelligenz hierbei überhaupt etwas zur Sache tut. Er musste selbst vor einigen Jahren miterleben, wie sein Kind zwischen Leben und Tod schwebte. Vielleicht rührt seine Fähigkeit, sich in mich hineinzuversetzen, ja auch eher daher, nämlich von dem Umstand, dass er fürchtete, ein geliebtes Wesen zu verlieren, dass er selbst verging vor Kummer über das Schicksal eines anderen Menschen. Er lehrt Philosophie. Als ich von meiner Mutter spreche, schlägt er die Lider unendlich zärtlich nieder und zitiert mir einen Satz von Vladimir Jankélévitch über das Alter und den Tod: »Wir schieben von uns weg, was sich nicht wegschieben lässt.«

Diese schockierende Wahrheit, die mir förmlich die Luft abschnürt, auf diese Weise beim Namen genannt zu hören, bewegt mich dazu zu offenbaren, was ich den anderen Freunden gegenüber verschweige. Nämlich die Frage, ob ich das durchstehen werde. Die Tatsache, dass ich abends am ganzen Körper Muskelkater habe. Mir tut wirklich alles weh, selbst die Nägel. Und in letzter Zeit scheint mein Körper das Alter meiner Mutter plus das meine zu haben, sprich, ich bin gefühlte einhundertdreiunddreißig Jahre alt. Morgens kann ich nicht mehr richtig auftreten, denn natürlich habe ich meinen schwachen Punkt, wie jeder Achill, wie jeder, der sich auf ein Unterfangen einlässt, das ihn überfordert. Andererseits bin ich wohl oder übel gezwungen, zur Heldin zu mutieren, wenn ich den Tod fernhalten will. Meinem Freund erzähle ich von der Bestürzung darüber, dass meine Mutter wieder zum kleinen Kind wird, dem man gut zuredet, das man betreut, mit Nahrung versorgt, liebkost und mit frischen Windeln versieht. Aber auch von dem Phänomen, das einen in gewisser Weise über alles hinwegtröstet, nämlich dass man mit dieser altersschwachen Mutter tun und lassen kann, was man will. Nur eins kann man nicht, nämlich ihre Vitalität wiederherstellen. Ich, die ich selbst keine Kinder habe, werde nicht müde zu wiederholen: »Sie ist wie ein Kind … Sie ist wie ein Kind.« Aber dieser Mann, der im Gegensatz zu mir ein Kind hat und es um ein Haar verloren hätte, erklärt mir: »Nein. Das kann man nicht vergleichen. Denn, weißt du, bei einem Kind besteht deine Aufgabe darin, es aus der Abhängigkeit herauszuführen. Ja, es ist mehr als eine Aufgabe, es ist eine regelrechte Mission. Oder, wenn ich es recht bedenke, ist es sogar noch mehr als eine Mission, es ist die Zukunft selbst. Ein Kind ist ein Mensch, den man dazu anleitet, auf eigenen Füßen zu stehen. Es wird eines Tages fortgehen, um sein eigenes Leben zu leben. Es hat gute Aussichten zu leben, selbst wenn es krank ist, selbst wenn es schlecht zurechtkommt. Du kannst daran glauben. Bis zum Ende kannst du dir sagen, dass es über den Berg ist, wenn es geheilt wird, dass es über den Berg ist, wenn es sein Abi bestanden hat, dass es über den Berg ist, wenn es ihm gelingt, eine Beziehung einzugehen. Wohin begleitest du hingegen deine Mutter? Die Unabhängigkeit, die am Ende wartet, ist deine eigene. Bis zum Schluss wirst du das Kind sein, wirst du von deiner Mutter zur Autonomie angeleitet. Die Mutter ist immer noch sie. Lass dich darauf ein, dass dein Leben auf den Kopf gestellt wird, denn, meine Liebe, was sie da gerade tut, ist, deine Erziehung zu vollenden.«

Sie mustert mich aufmerksam. Das ist die Fortsetzung der Erziehung, von der mein Freund sprach. Und für den Fall, dass dieser Freund recht haben sollte, lasse ich zu, dass meine Mutter ihre Arbeit an mir fortsetzt und letzte Hand anlegt an dem Werk, das ihr vorschwebt. Ja, noch besser: Ich, von der es einst hieß, sie stelle zu hohe Ansprüche, bin es jetzt nicht zufrieden, zu viel verlangt zu haben vom Leben, und hänge dank ihr die Messlatte noch eine Stufe höher. Denn ich begreife, dass dies von nun an die Perspektive der Liebe sein wird. So wie sie mich jetzt sieht. Halbe Sachen interessieren mich in jüngerer Zeit nicht mehr.

Ich habe den Blick meiner Mutter gefürchtet – als Kind, und weit über meine Jugendzeit hinaus, während meiner ersten Gehversuche als Frau, ja im Grunde die ganze Zeit über. Meine Güte, wie habe ich ihn gefürchtet. Ich ging sie besuchen, und mein Gesicht zerfiel förmlich in seine Einzelteile, sobald ich im Aufzug in den Spiegel schaute. Was hätte sie wohl diesmal wieder an kritischen Bemerkungen parat? Dass ich ganz in Schwarz gekleidet war. Dass ich die Haare aus der Stirn nehmen solle. Dass ich ruhig einmal ein wenig Rouge auflegen könnte. Dass ich zu selten lächelte, worauf sie sogleich ihr engelhaftes Lächeln zeigte, um mir mit gutem Beispiel voranzugehen; doch ich erfasste nicht seine Schönheit, sondern interpretierte es als gegen mich gerichtet. Oder es geschah auch, dass sie, mit mir allein im Zimmer, mit einem imaginären Gesprächspartner zu plaudern begann. »Meine Tochter kauft sich in einem fort Klamotten, ist aber immer gleich angezogen.« Im Urlaub hörte ich einmal, wie eine Mutter hingerissen vor ihrer Tochter stand und ausrief: »Du bist wunderschön! Wirklich wunderschön!« Das versetzte mir einen schmerzlichen Stich. Die Vorstellungen meiner Mutter bezüglich Schönheit und all dem, was sonst noch so von Bedeutung ist, lassen sich in etwa folgendermaßen zusammenfassen: Nur was außergewöhnlich ist, zählt. Ach, ich hätte meine hervorragenden Schulnoten, mein Formulierungstalent, meine Fähigkeiten auf dem Gebiet des Hochsprungs, meine Gabe, in der Öffentlichkeit zu sprechen, dafür gegeben, schön zu sein. Und wenn es mir einer sagte, dieser Jemand aber nicht meine Mutter war, so hatte ich das Gefühl, es sei nur so oberflächlich dahingesagt, ein reines Almosen. Oder es war gar ironisch gemeint, wer weiß?

Neulich legte ein Mann seine Hand auf meine Wange, und ich fand das normal. Ich mache Fortschritte.

Mit vierunddreißig Jahren hat Leila fünf ältere Menschen, Männer und Frauen, in ihrer Obhut, die sie wie einen Wurf junger Hunde umsorgt. Am Morgen geht sie von einem Haus zum nächsten, um sie zu waschen und zu kämmen. Einigen von ihnen bereitet sie die Mahlzeiten zu. Für manche ist sie das letzte lebende Gegenüber auf Erden. Die Männer vertrauen ihr an, dass ihr Begehren erloschen ist. Die Frauen, dass ihr Egoismus erwacht. Sie adoptiert meine Mutter binnen weniger Minuten als weiteren Schützling, als sie sie auszieht. In der ersten Zeit ist es so rührend, diese Frau – meine Mutter – zu sehen, die wirkt, als betrachte sie ihre eigene Nacktheit von außen, wenn sie zaghaft zu einer ihr unbekannten Person aufblickt. »Weshalb tun Sie das?«, fragte sie Leila am Anfang einmal, höchst erstaunt, dass sich da einer um sie kümmern wollte. Ich hörte, wie Leila erwiderte: »Ich liebe meinen Beruf.«

Und es stimmt, sie liebt die Freiheit, zu kommen und zu gehen, aber auch das Engagement und die Treue.

Sie hat studiert, war im Versicherungsgeschäft tätig, hat sich ihr eigenes kleines Unternehmen aufgebaut und Bankrott gemacht. Eines schönen Tages will es das Schicksal – denn nur dies allein führt einen dorthin –, dass sie vor ihrem ersten älteren Schützling steht. Sie erklärt sich bereit, einem Freund, der sich von Berufs wegen um alte Menschen kümmert, aus der Klemme zu helfen. Sie ist dafür begabt. Hat keine Scheu, die Leute zu berühren. Der Körper eines anderen Menschen ist für sie nicht abstoßend. Bald schon kann sie gut davon leben. Sie lernt es, Abstand zu wahren. Lernt aber auch die grundlegenden Tricks und Kniffe, mit denen man Nähe herstellt. Sie nennt alle Frauen »meine Große«, alle Männer »mein Großer«. Und nie antwortet einer: »Solche Mätzchen können Sie sich bei mir bitte sparen.« Sie sagt, das sei das Kind in uns, dessen Mut schwinde und dessen Kräfte nachlassen, nicht der perfekte Erwachsene, der den Widrigkeiten des Lebens bis in den Tod die Stirn biete. Das Kind im älteren Menschen müsse man mit lobenden Worten aufmuntern. Und es funktioniert, sie richtet die umhätschelten Personen auf. Die, die nur noch dalagen, bringt sie dazu, sich aufzusetzen. Die, die nur noch dasaßen, bringt sie dazu aufzustehen. Und denjenigen, denen sie auf die Füße geholfen hat, bringt sie wieder bei zu laufen. Wunder über Wunder, bis hin zu meiner Mutter, die sich nur noch schwankend auf den Beinen halten kann. Sie vollbringt, was ich nicht zu leisten vermag. Denn gleitet meine Mutter mir aus den Händen, so werden die Eltern-Kind-Gesetze zur Schwerkraft wirksam, und ich neige dazu, mit ihr zu Boden zu gehen. Und wer weiß, ob ich dabei nicht auf sie falle?

Eines Tages treffe ich ein, als Leila meiner Mutter gerade bei der Morgentoilette behilflich ist. Unwillkürlich gerate ich in Verlegenheit, eine über lange Jahre eingeschliffene Reaktion auf die Schamhaftigkeit meiner Mutter. Bei uns zu Hause zeigte keiner je seinen bloßen Körper. Und nun sitzt sie da nackt auf ihrem Bett, mit seifenglitzerndem Leib und locker baumelnden Armen, die Leila einen nach dem anderen hochnimmt. Sie machen sich gemeinsam über die Feigheit der Männer lustig. Meine Mutter lacht. Die Sonne scheint ihr auf den Busen und die Seite, und sie blickt mir offen und ungeniert in die Augen, während sie die Zehen spreizt, die den Boden nicht berühren, als sei dies die Art und Weise, in der man sich von nun an, im neu entdeckten Reich des fröhlichen Nacktseins, begrüßt. Sie ist so vollkommen glücklich, diese Frau, die sich davor fürchtete, von anderen abhängig zu sein – ich bin schlicht baff. Sie und Leila lassen sich gerade darüber aus, wie merkwürdig es doch in Anbetracht der mangelnden Courage der Männer sei, dass diese Kriege führen. Meine Mutter fügt hinzu, noch erstaunlicher sei der Umstand, dass nicht die Frauen es seien, die die Befehle erteilten, wo doch die Männer eine drollige Neigung dazu hätten, den Frauen zu gehorchen. Und dann wiederum meine Mutter, die mit Bestimmtheit erklärt, dass die Männer selbstverständlich nicht in den Krieg zögen, weil es in ihrer

Natur liege, sondern deshalb, weil man sie andernfalls töte. Sie schließt: Die Männer tun alles, was man will – wenn man ihnen keine andere Wahl lässt.

Ein Thema, das sie veranlasst, auf mich loszugehen. Warum schreibe ich, die ich doch so gewieft bin, nicht in meiner Zeitung, dass die Frau diejenige ist, die dem Mann Macht verleiht, denn ohne sie käme er so verzweifelt ins Rudern wie ein kleiner, seiner Schwimmreifen beraubter Steppke. Mir ist klar, dass sie weder von ihrem geliebten Goldsohn noch von den von ihr vergötterten Enkeln spricht, sondern von dem Mann, den sie als Liebende in den Armen hielt. Möglicherweise spricht sie dabei aber gar nicht so sehr von meinem Vater. Das ist die Lektion, die ich hier, vor meiner nackten Mutter, erteilt bekomme. Ihr Körper, der fortlebt, der sich von der Mutterschaft lossagt, um einer so ausgelassenen Schalkhaftigkeit zu frönen und zugleich so unverblümt die Wahrheit zu enthüllen, ihr Körper, der wie ein offenes Buch ist, ja, das ist wohl das Erhabenste, was ich auf dieser Welt je zu sehen bekommen werde. Ich entdecke das, was sich einem darbietet, sobald man keine Flaschenpost mehr aufs Meer hinausschickt, sondern vielmehr selbst das ist, was, um so manche Bürde erleichtert, auf hoher See treibt.

Wenn sie zu schwach ist, um ans Telefon zu gehen, wenden sich die Leute nach einigen Tagen an mich. Ich habe meine Dinge, die ich in der Stadt erledigen muss, meine Freunde, meine Wünsche und Bedürfnisse, ich habe meine Arbeit, bei der ich versuche, so zu tun, als sei alles in Ordnung, und wenn es Abend wird, kehre ich völlig geschafft nach Hause zurück. Natürlich habe ich wieder einmal eine Essensverabredung abgesagt. Und sie sind zur Stelle, am Telefon. Es ist Abend, und sie melden sich, um die jüngsten Neuigkeiten zu erfahren. Nicht jeden Abend, oh nein. Selbst wenn es sie vielleicht reizen würde, sich täglich bei mir zu melden, ist die Angst zu stören dann doch zu groß. Daher begnügen sie sich mit ebenso rar gesäten wie flüchtigen Anrufen. Es dauert nie lange. Ich erkenne sie an ihrer zittrigen Stimme. Der dem Volke der alten Damen eigenen Stimme. Einer Stimme, die die darauf getrimmten Telefonverkäufer sofort identifizieren, denn diesen wehrlosen Alten kann man nun beispielsweise gut Zeitschriftenabonnements verkaufen.

»Guten Tag, hier spricht Marie, die Cousine deiner Mutter«, melden sie sich bei mir. »Hier ist die Freundin aus Goussonville.« »Hier ist Geneviève.« Sie sind alles andere als gelassen. Denn sie werden von tausend Ängsten umgetrieben, diese Altersgenossinnen meiner Mutter: von der Angst, schlechte Neuigkeiten zu erfahren, der Angst, mir mit ihrer liebevollen Besorgtheit zur Last zu fallen, der Angst, die Jugend bei den Tätigkeiten zu stören, die dieser heilig sind; auch von der Angst einzugestehen, dass sie unfähig sind zu helfen, da sie selbst meist nicht mehr in der Lage sind, das Haus zu verlassen; von der Angst, mich darum zu bitten, das Gesagte zu wiederholen, weil sie es nicht richtig verstanden haben, der Angst, sich über Gebühr wichtig zu machen. Sie hören mir zu, wenn ich über das Befinden meiner Mutter berichte. Sie sagen nur »Ach ja, ach ja …« zu meinen sachkundigen Ausführungen zum Thema Krankenhaus, Anämie, Osteoporose, Tachykardie und Arrhythmie – lauter Phänomene, von denen sie ein Lied zu singen wissen, selbst wenn ihnen die Begriffe reichlich kryptisch erscheinen und sie zuweilen, sprachlich auf der Höhe der Zeit, wie sie sind, einräumen: »Also, davon habe ich keinen Plan.« Ich vergesse meinen anstrengenden Tag. Ich sammle mich innerlich: So wie man eine halbleere Tube zusammendrückt, quetsche ich noch etwas aus mir heraus, was sie beruhigen könnte. Sie sagen »Danke für alles«, und ich interpretiere es als »Danke für alle«. Man muss sie gehört haben, diese Stimmen, die schon im Aufbruch begriffen sind in eine andere Welt, man muss mit ihnen gezittert haben, muss die panische Angst nachempfunden haben, die sie in ihrem hohen Alter darüber verspüren, dass sie ein- und derselben Welle, ein- und derselben Generation angehören und nun zusehen müssen, wie die Reihen sich lichten.

Und trotzdem ist es so: Die zärtliche Fürsorge, die mir von ihnen zuteilwird, lindert die schmerzliche Last auf meinem Rücken. Sie sind immer noch dazu imstande, Gutes zu tun, die liebenswerten Verängstigten vom Volke der alten Damen; sie sind imstande, mir dies spezielle Gefühl der Verbundenheit zu vermitteln, das Frauen untereinander haben. Sie schaffen es, dass ich dahinschmelze. Die Verhärtungen, die sich im Laufe des Tages in mir gebildet haben, lösen sich, weil mich ihre rührende Art zu hoffen mit Hochachtung erfüllt.

Ich habe besonders feine Antennen im Hinblick auf alte Menschen entwickelt. Ist das eine Bereicherung? Macht mich diese neue Sichtweise, die mich das Ende gleichsam durch ein Vergrößerungsglas betrachten lässt, offen für bislang verkannte Werte? Wenn ich eine humpelnde alte Dame auf der Straße erspähe, ist es um mich geschehen: Nichts kann mich mehr davon ablenken, weder ein attraktiv dekoriertes Schaufenster noch der Star, der dort Gestalt annehmen würde. Ich bin wie die Eltern, die um die grundlegenden Bedürfnisse eines Kindes wissen und sich wundern, dass das Kind der anderen um zwei Uhr morgens noch nicht schläft, sondern überreizt und bleich zwischen den Cafétischen umherstolpert. Und genau wie sie sage ich mir: »Was macht das denn noch da? Das hat doch hier nichts mehr verloren.«

Ja, was macht sie da, diese Frau, die sich an ihrem Einkaufswagen festklammert, nachdem sie spät, als schon wieder eingepackt wird, noch auf dem Markt erschienen ist, um beiseitegeworfenes Obst und Gemüse vom Boden aufzulesen? Sie gerät gefährlich ins Wanken, als sie sich nach einer aufgeplatzten Melone bückt.

Was tut sie da, diese winzig kleine Passantin, die gerade von einem vorbeischießenden Tretroller überholt wird? Jetzt erschrickt sie heftig, stützt sich keuchend auf ihren Stock, während die Mutter des Kindes auf dem Tretroller, die es brandeilig hat, schreit: »Fahr nicht so schnell, Ben, du fällst sonst noch hin!« Die Mutter bemerkt gar nicht, dass ihr Kind gerade selbst eine Bedrohung darstellt.

Was tut sie da, die Frau, die da vor mir in der Notaufnahme liegt? Alterslos, mit fleckiger Haut und herben Zügen, von der gleichen rauen Schönheit wie die isländische Natur. Sie wollte ihrer viel beschäftigten Familie wohl keine Umstände bereiten, liegt einsam und alleine auf der Tragbahre und wartet, ihre Tasche auf der Schamgegend platziert. Sie reicht die Tasche dem Pflegepersonal, das sich um die Aufnahmeformalitäten kümmert: »Da ist alles drin.«

Was tut meine Nachbarin da, als ich sie eines Mittags beim Verlassen der Wohnung auf dem Boden im Hausflur finde, wo sie wie ein Käfer auf dem Rücken liegt? Aus übertriebener Höflichkeit, die unangebracht, aber zutiefst anrührend ist, weigert sie sich zuzugeben, dass ihr Arm höllisch schmerzt. Er ist gebrochen.

Was macht diese weitere Dame da auf der Kreuzung, auf der sie fünf Hauptverkehrsadern der Stadt blockiert, vor ihr ein Bus, der notgedrungenermaßen gehalten hat, und sie und der Bus einander gegenüber, in einer geradezu grotesken Konfrontation, die schon von vornherein verloren ist?

Was macht dieser grell geschminkte Saurier da in dem marokkanischen Restaurant in der Rue Monsieur-le-Prince? Immerzu einsam und allein – dieselbe alte Dame, die zu einem imaginären Freund spricht, umringt von Gästen, die möglicherweise ihr Leben lang den anderen nie richtig gesehen haben, wohingegen sie ihn sieht.

Es kommt vor, dass ich einer von ihnen beim Überqueren der Straße helfe. Anfangs haben sie immer Angst. Seit Jahren haben sie Kindern genau das eingeimpft, dass sie auf der Straße nicht mit Leuten reden dürfen, die sie nicht kennen, dass man von Fremden, die einen einfach ansprechen, ausgeraubt werden kann. Jetzt gilt das für sie. Sie sind der Willkür eines Wolfs im Schafspelz hilflos aufgeliefert, das wissen sie. Jeder x-Beliebige könnte ihre Wehrlosigkeit missbrauchen. Zu der Zeit, als meine Mutter sich noch aus dem Haus wagte, hatte eine Halbwüchsige ihr ihre Geldkarte abverlangt. Meine Mutter hatte nicht gleich reagiert, völlig fassungslos, dass ein Kind so böse Gedanken hegt, und das junge Mädchen hatte ihr einen Hieb gegen die Brust versetzt. Und dann, als es sah, wen es da schlug, oder vielleicht auch angesichts der aufrichtig entsetzten Miene meiner Mutter, hatte das Mädchen das Weite gesucht und gerufen: »Ach, pfeif was drauf!«

Ich biete ihnen meinen Arm. Sie taxieren mein Gesicht, ich werde blitzschnell von Mensch zu Mensch beurteilt. Sie bieten mir ihren Ellbogen, zeigen sich bereit und schicken sich in blindem Vertrauen dazu an, die breite Straße zu überqueren, wobei sie nur noch Augen für mein Gesicht haben, das sie nun unverwandt anstarren. Ich lege ihnen nahe, lieber geradeaus zu schauen. Was sie darauf auch tun. Ganze

Heerscharen von Krankengymnasten haben ihnen bereits diesen Rat erteilt. Als wir auf halber Strecke angelangt sind, schaltet die Ampel auf Grün. Von keinem der zuvorderst stehenden Autos ist ein Motorbrummen zu hören. Die gesamte Menschheit wartet geduldig hinter dem Steuer. Die Betreffenden wissen, dass sie eines Tages selbst in dieser Situation sein werden. Die Solidarität hier ist gleichsam ein Vorgriff auf die Zukunft. Wenige Sekunden darauf beginnen jedoch die Fahrer weiter hinten zu hupen. Die alte Dame schreckt zusammen und klammert sich noch fester an meinen Arm – den Arm einer Fremden. Sie hat jetzt Panik, und ich ahne, dass sie sich nichtswürdig und langsam vorkommt. Ich erkläre ihr, dass wir uns davon nicht beirren lassen, dass wir in unserem Tempo weitergehen. Zwischendrin streichelt sie mit ihrer Hand ungeniert meinen Unterarm, mit knotigen, von den Jahresringen eines langen Lebens geschmückten Fingern. Wenn die alte Dame eine Einkaufstasche trägt, erwäge ich, ihr diese Last abzunehmen, so wie man ein Maultier in der Furt von allzu schwerem Gepäck befreit. Die Handtasche rühre ich jedoch nicht an. Da ist alles drinnen. Erneutes Hupen, wir sind fast auf der anderen Straßenseite angelangt. Um die Brutalität dieser durchdringend lauten Warnsignale zu mildern, die im Übrigen in geschlossenen Ortschaften gesetzlich verboten sind, sage ich zu der Dame: »Sie können es ja nicht wissen.«

Sie hat vor der Bäckerei Posten bezogen. Es ist eine Zigeunerin, das ist schon von Weitem an ihren bis zu den Füßen reichenden Röcken zu erahnen, den übereinander getragenen Schichten, der sorglos zusammengewürfelten Kleidung, an ihrem Kopftuch. Der Stock, auf den sie sich mit zitternder Hand stützt. Der gekrümmte Rücken, die Anstrengung, die es bedeutet zu stehen. Das kommt mir alles vertraut vor. Je weiter ich mich nähere, desto intensiver muss ich an meine Mutter denken, meine Mama, mein zerbrechliches Geschöpf. Glück für meine Mutter, dass sie schön warm unter Wolldecken aus Babyalpaka eingekuschelt liegt, mit dem Luxus, im Winter eine Heizung zu haben. Ja, bei meiner Mutter ist es so warm, dass Tulpen, die man am Montag in die Vase stellt, am Dienstag schon komplett aufgeblüht sind und dem Betrachter ihren bloßliegenden Stempel offenbaren. Der Luxus, den meine Mutter genießt, jawohl. Nichts zwingt diese Mama dazu, bei Eiseskälte auf der Straße zu stehen und zu betteln. Wenn man hingegen diese Frau dort ansieht. Arme, von den Jahren gebeugte Kreatur. Maßloses Mitleid für das Schicksal dieser Zigeunerin. Wer hatte die Unverfrorenheit, sie auf dem Bürgersteig abzustellen? Ich habe zehn Euro in der Tasche und drücke sie ihr diskret in die erwartungsvoll geöffnete Hand. Die Hand, die in einem Handschuh steckt, schließt sich unverzüglich um das erhaltene Geld. Und als die Frau das Geld in die Tasche schiebt, hat sie plötzlich aufgehört zu zittern.

In dem Moment bekomme ich auch ihr Gesicht zu sehen, trotz des Kopftuchs, unter dem es verborgen ist: Mein Gott, sie ist ja erst zwanzig. Das ist eine junge Frau, die sich einfach nur als alte Dame verkleidet hat, um die Passanten wirksamer dazu zu bewegen, ihr Portemonnaie zu öffnen. Ich weiß nicht, ob ihr bewusst ist, was sie da so schamlos mit Füßen tritt. Denn hinter ihren schützend gesenkten Wimpern, in ihren glasklaren grünen Augen lese ich nicht wie erwartet Provokation, sondern Dankbarkeit. Zehn Euro geben schließlich nur wenige Leute.

Telefonat mit einer Pflegerin. Es handelt sich um eine Frau, die man mir empfohlen hat anzurufen, mit der Begründung, dass sie eine vorbildliche Vertreterin ihres Fachs sei und, falls sie sich nicht selbst um meine Mutter kümmern, mich zumindest an eine Kollegin weiterverweisen könne. Doch sie hat keine Kollegin. Wie das bei vorbildlichen Vertretern eines Fachs oft so ist, ist sie unersetzlich und allein auf weiter Flur. Sie heißt Yvonne. Sie bekniet die offiziellen Stellen, ihr die Genehmigung zur Ausbildung von Pflegehelferinnen zu erteilen, was ihr jedoch verweigert wird, da dies im Rahmen der aktuellen Gesetzgebung nicht möglich ist. Sie erklärt mir: »Intimpflege möchte schon mal von vornherein keiner machen. Ich habe damit hingegen seit zwanzig Jahren Erfahrung. Ich könnte einer Anfängerin gut zeigen, was das bedeutet, einen Körper, der nicht mehr so recht mitspielt, zu berühren; ich verstünde es, den Betreffenden klarzumachen, dass jemanden pflegen bedeutet, jemanden pfleglich zu behandeln. Ich habe etwas zu vermitteln. Glauben Sie mir, oder glauben Sie mir nicht, aber ich weiß um die Geheimnisse der menschlichen Würde. Ich packe nicht grob zu, sondern bei mir sitzt jeder Handgriff. Meine Worte bestehen darin, dass ich denen, die noch zu sprechen vermögen, zuhöre.« Sie ist zu achtundzwanzig Einsätzen am Tag unterwegs und das über drei verschiedene Pariser

Arrondissements verteilt. Von der Pflege, die sie leistet, hängen Leben ab. Sie ist siebenundfünfzig Jahre alt. Augenblicklich kann sie mit mir sprechen, denn sie ist auf der Straße, läuft zu ihrem Auto zurück. Als sie gerade mitten dabei ist, mir auseinanderzusetzen, wie die behördliche Unterstützung funktioniert, und mir deren verzwickte Beschränkungen zu erklären, entfährt ihr ein Fluch: Sie hat ein Knöllchen, der Äskulapstab ist für die Kontrolleure kein Hindernis. Sie bekommt fast jede Woche einen Bußgeldbescheid, denn sie hat keine Zeit, einen ordnungsgemäßen Parkplatz zu suchen. Wenn es einen gibt, nimmt sie ihn selbstverständlich. Doch das ist selten. Manchmal trifft sie auch den Polizeibeamten genau in dem Moment an, in dem er den Strafzettel ausfüllt, wenn sie zu ihrem Wagen zurückkehrt. Doch sie hat es sich abgewöhnt zu diskutieren. Sie gesteht mir: »Ich stecke meine Energie in andere Dinge.« Ein Mal, ein einziges Mal, und das auch nur, weil es sich um eine weibliche Polizeibeamtin handelte, bei der sie auf mehr Mitgefühl zu stoßen hoffte, wagte sie, auf den Äskulapstab zu verweisen. Die Frau warf nur einen flüchtigen Blick darauf und erwiderte: »Da machen Sie es sich ein bisschen zu einfach.«

Es war eine dieser speziellen Adressen, an denen man sie notdürftig wieder zusammenflickt, nachdem sie gestürzt sind. Man hatte mir erzählt, dass die Behandlungen, die man in dieser Art Kliniken erhielt, abgesehen davon, dass keiner, der eines Tages wieder laufen können will, um sie herumkommt, Erstaunliches bewirken würden. Was absolut der Wahrheit entspricht. Doch als ich dort eintraf, um meine körperlich labile Mama einzuquartieren, konnte ich mir nicht vorstellen, dass ein Aufenthalt in einem solchen Siechenhaus sie wieder auf die Beine bringen würde. Die Örtlichkeiten erfüllten mich mit Entsetzen. Ich hatte Angst, meine Mutter könnte auf die Frau in der Ferne aufmerksam geworden sein, die man immer wieder »Zu Hilfe! Zu Hilfe!« schreien hörte, oder auf das Husten und den Geruch der Kantinenfrauen. Ich räumte ihre Kleidung in den Schrank, mit einer übertriebenen Sorgfalt, die es mir ersparte, über die eigentlichen Tatsachen zu sprechen, nämlich dass ich sie dort allein zurücklassen würde, ich, ihre Tochter, die sie aufgefordert hatte, ihr zu vertrauen; dass ich sie zwischen hässlichen lachsfarbenen Wänden, in hässlicher lachsfarbener Bettwäsche, mit hässlichen lachsfarbenen Soßen, ja, wie es mir dort drinnen scheinen wollte, sogar in lachsfarbener Luft zurücklassen würde. Mit der Willfährigkeit eines zu Tode erschöpften Menschen legte meine Mutter sich nieder.

Der Arzt kam zum Aufnahmegespräch. »Das ist nur zum ersten Kennenlernen«, erklärte er, als sollte sie noch eine lange Freundschaft verbinden. Und wenn es einer war, der sie schon einmal behandelt hatte, empfing er sie mit offenen Armen: »Na, was haben wir denn diesmal angestellt?«, und man hätte meinen können, sie habe schon wieder einen ihrer üblichen Streiche begangen, diese Ausreißerin, die jetzt heil in den Schoß der Familie zurückgebracht worden war. Wie dem auch sei, er erntete als Reaktion auf seine Worte das seraphische Lächeln meiner Mutter. Das bisschen Gewandtheit, mit dem meine Mutter ihre zwischenmenschlichen Beziehungen noch zu beleben vermochte, ging für den ach so beschlagenen Herrn Doktor drauf, oder auch die Frau Doktor. Für den Zeitraum von zehn Minuten ließ die Aura der Gelehrsamkeit die Farbe des Zimmers für sie in einem deutlich positiveren Licht erscheinen, und selbst ich fühlte mich, auch wenn ich das Lachsrosa nicht wirklich attraktiv fand, bemüßigt, meine Meinung zu diesem Farbton zu revidieren. Doch als der Arzt gegangen war, trat wieder der andere, klinisch sterile Aspekt des Lachsrosa in den Vordergrund. Meine Mutter blickte sich nach allen Seiten um. Das Bett mit all seinen furchterregenden technischen Extras, die viel zu kompliziert zu steuern waren. Das Fenster, das zu weit weg oder zu hoch oben war. Auch die Handbedienung, über die man Hilfe herbeirufen konnte, schien zu weit weg, also ebenfalls unerreichbar. Und schließlich noch die Entfernung zu ihrem eigenen Zuhause, deren Ausmaß ihr jetzt bewusst wurde, sodass sie mich schließlich fragte: »Wo sind wir hier eigentlich genau?« Ich erklärte, dass es wirklich ganz nah an ihrer Wohnung sei. Ein Mal hatte ich es auf den folgenden Nenner gebracht: »Luftlinie gerechnet, sind wir nur zehn

Minuten von dir entfernt.« Sie hatte verächtlich den Mundwinkel verzogen, wie um zu sagen: »Dafür kann ich mir auch nichts kaufen.«

Ich kehrte zurück zu meinem von reichen Freuden gesegneten Dasein oder zu dem, was man auch mit dem Begriff »blühendes Leben« umschreiben könnte.

Ich begreife nicht, warum diejenigen, die auf der Gewinnerseite stehen, die auf der Verliererseite nicht öfter bedauern. Wie viele Abende habe ich schluchzend auf einer jener Bänke gesessen, wie man sie am Eingang solcher Gebäude vorfindet, einer Bank, die taktisch so geschickt platziert war, dass man hätte schwören mögen, sie sei dort eigens für jene beschämten Besucher, die ihre Lieben so herzlos abschieben, aufgestellt worden.

Eines Tages, als sie wieder einmal zur Rehabilitation in einer solchen Einrichtung war und ich sie besuchen gekommen war, wurde uns beiden auf herzergreifende Weise vor Augen geführt, wie es dort in Wahrheit um manche stand. Meine Mutter hatte ein Einzelzimmer, die Tür war offen. »So kriege ich etwas vom Leben mit«, erklärte sie. Wir hatten Winter, es war fünf Uhr nachmittags. Es wurde allmählich dunkel.

Da waren zwei, die anfangs nur akustisch wahrzunehmen waren, und sie geisterten im Gang herum. Von ihren Schritten vernahm man nichts als ein Klacken. Und man hörte ihre Stimmen, oder genauer, hörte, wie eine von ihnen sagte: »Zum Kuckuck, finden wir jetzt vielleicht endlich mal diesen verflixten Ausgang?«, und die andere, die erwiderte: »Wenn wir ihn nicht finden, was nutzt es uns dann, dass wir zu zweit sind?« »Wir werden ihn finden, wenn wir uns zu zweit auf die Suche machen«, erklärte die Erste. »Das letzte Mal habe ich ihn nicht gefunden. Aber da Sie nun mit dabei sind, werden wir ihn finden, das weiß ich.« »Den Ausgang«, sagte die Erste. »Ja, den Ausgang«, bestätigte die Zweite.

»Geh doch mal nachsehen«, forderte meine Mutter mich auf. Ich ging also nachsehen. Und war kaum auf dem Flur draußen, als ich auch schon den beiden Frauen in die Arme lief. Sie waren hochbetagt. Die eine trug ein altmodisches, zerschlissenes Gepäckstück bei sich, das einen allein schon erbarmte. Die andere hatte keine Hand frei, um etwas zu tragen, sie war mit einem Rollator unterwegs. Alle beide mit wild zerzaustem Haar. Diejenige, die die Tasche in der Hand hielt, winkte mich heran, indem sie den Arm samt Tasche in die Höhe hob. Ich konnte erkennen, dass die Tasche federleicht war, und schloss daraus, dass nichts darin war. Sie wandte sich in ausgesucht höflichem Ton an mich: »Ach, gnädige Frau, Sie schickt der Himmel. Ob Sie wohl so außerordentlich liebenswürdig wären, uns den Ausgang zu zeigen?« Ich entgegnete, dass man doch hier gut aufgehoben sei und gar nicht aus dem Haus gehen müsse. Ich verfiel in den sanften, schelmischen Tonfall, den ich mir von den Pflegehelferinnen abgeschaut hatte. Dann kehrte ich in das Zimmer meiner Mutter zurück. Sie folgten mir. Meine Mutter sah die beiden Frauen in ihr Reich eindringen, versuchte, die Tragweite dieser Intrusion einzuschätzen, die für sie eine inakzeptable Grenzüberschreitung darstellte. Gänzlich schutzlos ausgeliefert, die Hand auf dem Klingelknopf, ohne sich allerdings dazu durchringen zu können, die beiden zu denunzieren, wartete sie darauf, dass diese Frauen von alleine erkannten, dass sie hier nicht zum Ausgang gelangten, und kehrtmachten. Was auch geschah.

Sobald sie in sicherer Entfernung waren – ihre Stimmen, die schon kurz darauf nur noch gedämpft zu hören waren, waren für uns die Bestätigung, dass sie von dannen zogen, um in einem anderen Flur ihr Unwesen zu treiben –, konnte meine Mutter endlich ihre wachsame Haltung aufgeben und sich entspannen. Ihr Kopf war ermattet in die Kissen zurückgesunken, die Miene undurchdringlich ohne den leisesten Hauch eines Lächelns, aber dann blitzte darin doch ein

Hoffnungsfunke auf: »Schreib es auf«, sagte sie zu mir. Als verfügte ausgerechnet ich mit meiner Kunst über die am stärksten benötigte, von der größten Aufmerksamkeit und Zärtlichkeit durchdrungene und vor allem nützlichste aller Fähigkeiten.

Angesichts der Verfassung meiner Mutter habe ich mir seit einigen Jahren angewöhnt, in letzter Minute auf eine Abendessenseinladung oder aufs Ausgehen zu verzichten. Ich schicke eine SMS, in der ich mein Bedauern darüber ausdrücke, dass ich nicht kann, und vage andeute, dass ich aufgrund einer Verpflichtung an anderer Stelle verhindert bin. Was nicht unrichtig ist.

Genau das hatte ich auch an jenem Abend getan, nachdem meine Hemmungen abzusagen bereits durch das Wesen der Gastgeberin selbst zerstreut worden waren, einer irrsinnig aufgestylten Person, die mit Gott und der Welt bekannt war, dazu ungeheuer reich, charmant und bezaubernd schön und folglich entsprechend umschwärmt und umworben. Es wären jede Menge Leute um sie herum, und meine Abwesenheit fiele gar nicht weiter auf. Ich hatte in meiner SMS sogar eine genauere Begründung angegeben, nämlich dass meine Mutter erneut gestürzt sei. Und rechnete nicht mit dem Anruf, den ich am Tag darauf von ebenjener Modepuppe erhielt. Ich muss vielleicht das Aussehen dieser Frau beschreiben. Eine aufwendig zurechtgemachte Erscheinung, in verzweifeltem, wenngleich ziemlich erfolgreichem Kampf darum begriffen, an die zwanzig Jahre jünger zu wirken. Ein Geschöpf, das in seinem eigenen Film lebte und sich in einem Maße in seine Rolle hineinsteigerte, in dem es, abgesehen von einigen Stars, keiner auf die Spitze zu treiben wagte (denn im wahren Leben wird man schnell auf den Boden der Realität zurückgeholt). Zugleich war sie aber ungeachtet ihres Bekanntheitsgrades eine weichherzige Frau und treue Freundin. Wie dem auch sei, diese Frau war jedenfalls Welten von der Greisenhaftigkeit und dem Verfall meiner Mutter entfernt. Neben der glanzvollen Ausstrahlung dieser Freundin wirkte das Alter meiner Mutter auf mich wie ein Beweis für die Farblosigkeit unserer Familie oder, schlimmer noch, einen Mangel an Savoir-vivre.

Diese Frau ruft mich also am Morgen nach der Einladung an und sagt: »Du hast uns gefehlt gestern Abend! Es war wahnsinnig lustig, wir haben so gelacht! Ja, manche Abende sind derart amüsant, das kann man im Nachhinein gar nicht so recht wiedergeben. Sag, und deine Mama ist schon wieder gestürzt? Arme, arme Mama, ich weiß, wie dir zumute ist. Meine Güte, ja, ich weiß, dass du dadurch selbst zu dem alten Menschen wirst. In jenen Momenten ist es, als sei jeder winzige Rückenwirbel der betagten Person, der vorsteht, dein eigener, es fühlt sich an wie Seepferdchenstacheln, und sie hat solche Schmerzen, wenn man vergisst, ihr ein Kissen unterzustopfen. Es ist gleichsam deine eigene Niederlage, deine eigene Schwerfälligkeit, und du bist es auch, der diese Last des alten Menschen trägt, und ich weiß, dass selbst die leichteste Bürde nicht zu schultern ist, denn dieses Lebensende ist dein eigenes, die Zartheit ihrer Hände, die hauchdünne Haut, die sie haben, hast du das bemerkt? Ich weiß, in welche Isolation einen das treibt. Die grotesken Aktivitäten der Außenwelt. Wie man sich aus diesem Desaster befreit, kann ich dir allerdings nicht sagen. Bei mir ist es geschehen, ohne dass ich mir dessen überhaupt bewusst war. Eines

Morgens war ich plötzlich wieder von einem Gefühl der Jugendlichkeit erfüllt. Das ist auch der Grund, weshalb ich diese auf so alberne Weise mit allen Mitteln der Kunst aufrechtzuhalten suche. Was du da erlebst, habe ich selbst schon erlebt.«

Was ich im Krankenhaus aus den Begegnungen mit den Pflegehelferinnen gelernt habe: Nichts verdient mehr Respekt als eine Frauenzeitschrift. »Sie machen einen wichtigen Job«, erklärten sie mir eines Tages, nachdem sie erfahren hatten, für welches Blatt ich schreibe – sie standen im Gang um mich versammelt und musterten mich mit einer so zärtlichen Hochachtung, dass es schon peinlich war. Ich dachte, sie würden dies aus reiner Nettigkeit sagen. Ich schaute nicht so ganz in sie hinein, aber dass sie nett waren, ja, das ahnte ich wohl. Und doch führten sie mir alsbald meinen Irrtum vor Augen und machten mir deutlich, worauf sie hinauswollten. Die Eitelkeit ist ein Rettungsanker für Frauen aller Altersstufen, so lautete ihre Botschaft. Sie freuten sich wie die Schneekönige bei der Vorstellung, mir diese an einem Beispiel zu demonstrieren und deuteten doch zum Beweis tatsächlich schräg über den Flur hinunter auf meine Mutter. Sie, die für gewöhnlich im Bett lag, saß in einem Sessel und betrachtete sich in einem kleinen Spiegel. Sie kam ganz offenkundig gerade vom Friseur.

Es war wohl so gewesen, dass meine Mutter, diese Frau, die eigentlich am Ende ihrer Kräfte war, sich an jenem Morgen ungewohnt schwungvoll auf einen Ellbogen gestützt und im Bett aufgerichtet hatte. Sie hatte sich erkundigt, ob es im Haus einen Friseur gebe. Nachdem man ihr mitgeteilt hatte, dass dem so sei, hatte sie vor Wohlbehagen geseufzt. Der jungen Polin, die sich erbot, ihr die Fußnägel zu feilen, hatte sie fröhlich ein Bein entgegengestreckt, und zwar erstaunlicherweise das operierte, das, das ihr solche Schwierigkeiten beim Gehen bereitete.

Was diesen plötzlichen Energieschub bei ihr ausgelöst hatte? Das Modemagazin, für das ich arbeitete. Ich hatte es am Vortag dagelassen, und als man sie wecken kam, hatte man sie darein vertieft vorgefunden.

Ich trat in ihr Zimmer. »Meine Tochter!«, rief sie aus, das Haar raffiniert gestuft. Während sie auf mich wartete, hatte sie eine Liste mit allem, was sie brauchte, erstellt, Dinge, die sie absolut dringend benötigte und ohne die sie nicht leben könnte. Als ich die Schrift meiner Mutter sah, einst so sicher, nun zittrig und gezackt wie ein Kreppband, wagte ich gar nicht daran zu denken, wie viel Zeit es sie gekostet haben mochte, diese Liste zu verfassen, auf der zu lesen stand:

- Geißblattseife von Roger Gallet
- Softlockenwickler (4), mittelgroß (gelb, wenn es sie gibt)
- Terrakottapuder von Guerlain
- Großer Rougepinsel
- Aprikosen-Nagelcreme von Dior
- Nagellack in Perlmutt (Gemey)
- Zwei lang geschnittene Tuniken (pastellfarben). Ohne übertriebenen Firlefanz. Lang.
- Meine Uhr
- Vergrößerungsspiegel
- Pinzette
- Bleichcreme von Veet (Oberlippenbehaarung)

- Bei Missoni vorbeischauen. Leichtes Kleid von Missoni, in hellen Farben.
- Foulard von Missoni (Schublade zu Hause)
- Ecrufarbene Kaschmirjacke
- Ecrufarbene Kaschmirsocken
- Kaschmirschal
- Tagesdecke mit Indienblumen
- Lippenstift zinnoberrot. Dior.
- Deine Gegenwart
- ZEITSCHRIFTEN MITBRINGEN

Anfangs fuhr ich sie trotz der Stürze noch nach Südfrankreich hinunter. Am Ende der Ferien brachte mein Bruder sie dann zurück, und sie hatte frische Kräfte getankt. Unter all den Entsagungen, von denen wir unsere liebe, begeisterungsfähige Mutter überzeugen mussten, war diejenige, die ich ihr am schonendsten beizubringen versuchte und die mir die heftigsten Bauchschmerzen bereitete, der Verzicht auf jene Sommer, die ihr fortan verwehrt sein würden, weil sie schlicht nicht mehr in Betracht kamen. Sie hatte weiter die tropische Hitze, die balsamische Wirkung des französischen Südens vor Augen, dank der sich ihre Verspannungen lösten, aber leider wäre Südfrankreich im Hochsommer nun gefährlich für sie gewesen. Natürlich machte sie sich dies nicht klar. Oder sie wollte es nicht wahrhaben. Sie, ja, sie glaubte, sie könne sich ganz relaxed in einem Liegestuhl zurücklehnen, sich mit Ambre Solaire einschmieren und lauthals verkünden: »Ahhh … die Sonne! Es gibt doch nichts Schöneres!«, wobei sie die Lider niederschlug, um nicht geblendet zu werden. Aber die letzten Ferien im Süden verliefen alles andere als glorreich. Einmal stürzte sie am Spätnachmittag vor ihrem Domizil, am Golf von Sainte-Maxime, und das, obwohl sie in meiner Begleitung war. Aber sie war einfach nach einem Tag am Pool beflügelt von der Freude über ihre Enkelkinder, voll des Entzückens über eine neue, blassrosa Tunika, erstanden auf dem Markt von Saint-Tropez (von mir, für sie), berauscht vom Duft der Lorbeerbäume und hatte ihre Unbekümmertheit wiedergefunden, sodass sie plötzlich sowohl meinen Arm als auch ihren Krückstock losließ, um mir zu demonstrieren, wie gut sie wieder bei Kräften war.

Wie schnell ein Körper, noch eh man sichs versieht, auf einen Teppich aus welken Lorbeerblättern fällt, einen Teppich, der weder die Tragik des Sturzes noch die glühende Hitze des Teers um fünf Uhr an einem Sommernachmittag auch nur im Geringsten abmildert. Und wie schnell wir alle den Ernst der Lage begreifen, denn statt ihre Fassungslosigkeit darüber kundzutun, dass sie plötzlich auf dem Boden liegt, verharrt sie, einmal gestürzt, beunruhigend lange reglos und schlittert gleichsam noch weiter in die Tiefe, auf einen bedrohlichen Abgrund zu (sie hat sich ein Bein gebrochen und auf der anderen Seite den Fuß verstaucht). Wie schnell der Rettungsdienst eintrifft und einem die Entscheidung abnimmt. Der ungleichmäßige Pulsschlag. Man kann nicht mehr sagen: »Ach, das ist nichts.« Nichts, das ist allenfalls das, wozu sie zu werden droht. Wie schnell der Krankenwagen die Küstenstraße entlangrast, auf der doch der Verkehr durch die typischen sommerlichen Staus lahmgelegt ist; aber nein, wir, die in erschütternder Weise Privilegierten, schlängeln uns durch. Die Sirene treibt alles, was zwei Beine hat, dazu an, Platz zu machen. Wie schnell man trotz allem zu der beruhigenden Einsicht gelangt, dass man über Sonderrechte verfügt. Wie schnell ich mich in der Notaufnahme wiederfinde, wo ich, routiniert wie ich inzwischen bin, bereits die Papiere in der Hand halte, während meine Mutter abtransportiert wird und hinter einer Flügeltür verschwindet.

Und wie langsam anschließend alles vor sich geht. Das Warten darauf, dass einem offiziell die Brüche und Haarrisse bescheinigt werden. Ich rief so viele Freunde von meiner Bank draußen aus an, dass nach zwei Stunden der Akku meines Handys leer war.

Mir blieb nichts anderes mehr, als allein, umgeben vom Zirpen der letzten Grillen, dazusitzen und zu warten, dass mein Name aufgerufen würde.

Sie reiste im Krankenwagen in Richtung Paris zurück. Man brachte sie in die nähere Umgebung, in eines der Rehazentren, die ich bereits geschildert habe. Ich würde die Fahrt mit dem eigenen Wagen antreten. Meine Mutter hatte allerdings ihre eigenen Vorstellungen bezüglich meiner Rückkehr. »Ich will dich dort nicht sehen bei meiner Ankunft«, erklärte sie mir im Befehlston, das Gesicht seitlich gegen die Taille einer Pflegehelferin gepresst, während diese sie versorgte. Und mir war es schlicht unmöglich, ja, es war mir unmöglich, mir sagen zu müssen, dass ich zu der Sorte Tochter zähle, die einfach weiter ihre freie Zeit genießt, während um sie herum alles drunter und drüber geht. Ich suchte nach einem ausgewogenen Mittelweg zwischen Mich-Drücken und Ihr-Folgen. Es waren meine Ferien. Doch noch während ich dies dachte, sagte ich mir: »Es sind auch die ihren, und sieh mal …« Der Krankenwagen setzte sich in Bewegung, und ich brach ebenfalls auf. Ich hatte geschworen, sie dort, wo sie hinkam, nicht in Empfang zu nehmen und vorsichtig zu fahren. Ich gedachte, bei Freunden nördlich von Apt Station zu machen. Während ich durch die Berge in Richtung La Garde-Freinet unterwegs war, gab es ein schreckliches Gewitter, eines von der Sorte, die man im Süden »Gewitter des 15. August« nennt. Der Regen troff rundum herunter, und das war für mich ein willkommener

Anlass, meinen Tränen beim Fahren freien Lauf zu lassen und über meine zerbrechliche Mama zu weinen, über einen Mann, den ich nicht um Hilfe bitten konnte, über das, was geschähe, falls ich in diesen gottverlassenen Schluchten krepieren sollte – ich dachte an meine Reifen: Einen unerträglichen Schmerz verteilt man gern auf verschiedene Schauplätze.

Am Tag darauf erfuhr ich, dass meine Mutter gut untergebracht war. Sie schärfte mir abermals ein: »Dass du mir vor allem nicht herkommst! Ich brauche nichts, und ich habe einen unglaublichen Park mit Hügeln vor dem Haus, wie du noch sehen wirst.« Doch die Leute von der Aufnahme riefen mich an, um mir eine Liste mit Dingen zu diktieren, die ich bringen sollte, sobald ich könnte: Seife, Handtücher, Waschlappen, Morgenmäntel und Nachthemden. Es kam mich verdammt hart an, aber ich beschloss, erst am Tag darauf abzureisen. Ich verbrachte den Tag in den Liegestühlen rund ums Haus, indem ich vom Schatten einer Linde in den der Kirschbäume weiterzog. Die aufbauenden Gespräche mit den Freunden. Die wohltuende Ruhe, die ich in vollen Zügen einsog, da ich dort nicht mehr zum Luftholen kommen würde. Für einige Stunden tauchte ich in eine Welt ab, in der man sämtliche Sorgen vergessen konnte. Meine Freundin, die mir bei meiner Abfahrt die Hand auf die Stirn legte: »Deine Mutter gibt noch. Also nimm!« Sie hatte mir das bereits zuvor, am Nachmittag, gesagt, unter einem ausgemergelten alten Aprikosenbaum. Er trug immer noch unglaubliche Früchte.

Das Hotel Flaubert in Trouville, direkt an der holzbeplankten Promenade oberhalb des Strandes gelegen. Ich hatte ein Zimmer »mit Meerblick« in der ersten Etage gebucht. Fünfzehn Augustmittage bei gleißender Hitze: meine Mutter im King-Size-Bett, ich in einem kleineren Bett, das in einem Nebenraum aufgestellt worden war. Am Abend dauerte es so lange, bis die Sonne im Meer versunken war, dass es einem wie ein weiterer, künftigen Generationen stibitzter Tag erschien. Meine Mutter verfolgte über Stunden hinweg aufmerksam, was am Strand vor sich ging. Sie staunte, welche Schwärme von Möwen herbeigeflogen kamen. Fand das großartig, all diese fremdländischen Familien, Asiaten, Inder … und ein Frankreich, das allen Unterschlupf bot. Sie fand, dass die Leute zu viel aßen – Crêpes, Beignets, Waffeln, Muscheln, Fritten, Soßen und all so ein Zeug. Neben dem Blick aufs Meer hatte sie auch freien Blick auf die Restaurantterrasse unten. Sie freute sich wie ein Schneekönig über all die Ablenkungen. Ihre Zunge, die zwischen den Lippen herausspitzte, verriet, wie munter und vergnügt sie war: Ich hatte sie trotz ihres Zustandes in den Urlaub MITGENOMMEN. Kein Tag verging, an dem sie nicht picknicken wollte, statt eine normale Mahlzeit zu sich zu nehmen, so sehr bedeutete es Aufbruch und Abenteuer, die Möglichkeit dazu hier direkt vor der Nase zu haben.

Morgens kniete ich im Bad nieder, um ihr bei der Toilette zur Hand zu gehen. Es war sehr schwierig, zu dieser Jahreszeit irgendwo eine Hilfskraft herzubekommen. Den Kopf in höchster Verlegenheit zu mir oder, genauer, in Richtung Boden gesenkt, wiederholte sie: »Es ist scheußlich, alt zu werden … Ja, es ist scheußlich, alt zu werden …« Keinerlei Pathos, sie war einfach nur aufrichtig genervt. Ich versuchte, ihre Skrupel zu zerstreuen. »Hast du das nicht für deine Kinder gemacht, sie zu waschen?« Schweigen dort über mir, sie erwiderte nichts. Ich fuhr fort mit dem, was zu tun war. Nach einer Weile hörte ich: »Das ist lieb von dir, dass du mir das sagst …«

An ihrem Rollator eingekrallt, bewegte sie sich in ihrem eigenen Tempo wieder zu ihrem Sessel mit Meerblick zurück. Ich wagte den Versuch, sie ohne meine Unterstützung gehen zu lassen, spitzte jedoch die Ohren, denn sie konnte jede Sekunde zusammensacken. Ein dumpfes Geräusch war zu hören, und ich war beruhigt: Es war ihr Rücken, der gegen die Polster sank.

Ich machte es mir in meinem schmalen Bett gemütlich, um die Romantrilogie *Moskauer Saga* von Wassili Aksjonow weiterzulesen. Eintausendundsiebenhundert Seiten. Ich hatte bewusst einen dicken Wälzer für Leerlaufzeiten mitgenommen. Plötzlich begann sie vor sich hin zu plappern: »Ach, wie herrlich es doch ist, glücklich zu sein. Wäre das nicht der passende Moment für ein Gläschen Rosé?« Ich befand mich gerade mit meinen Freunden im Gulag. Sie hatten soeben einen Theaterclub gegründet, und kein totalitäres System könnte diese gebildeten Menschen seelisch zugrunde richten; doch wir mussten hart kämpfen, denn es wurde einem nichts geschenkt. Mit einem Satz war ich auf den Füßen und bei ihr im Zimmer: »Aber Mama, es ist elf Uhr vormittags!«

Sie saß vor den großen Fenstern und schwebte im siebten Himmel, voll des Glücks über diese Sommerfrische, meine Gegenwart, ihre Enkelkinder, die auf dem Weg zum Strand vorbeikommen würden, das unverhoffte Azurblau des Himmels, ihren Nacken, der kurz zuvor parfümiert worden war, ebenso wie ihre Ellenbeugen, an denen sie nun schnupperte; glücklich über ihren Kamm und ihr Ambre Solaire, ihre zunehmend gebräunte Haut, die Tüte Chips mit Senfaroma, die sie bereits in der Hand hielt.

Nun ja, was tat ich wohl? Ich ließ den Gulag Gulag sein und kredenzte den Rosé.

Die vielen Male, die sie sich gegen Ende meines Nachmittagsbesuches höchst interessiert danach erkundigt, was ich noch vorhabe, wenn ich von ihr wegfahre. Ob ich noch ausgehen werde. Die Heftigkeit, mit der sie mir die Leviten liest, sie, die angeblich so Geschwächte, falls ich ihr, statt ihr meine Pläne für den Abend in berauschenden Farben und bis ins letzte Detail zu schildern, ermattet antworte, dass es mich nicht danach gelüstet, mich zu amüsieren. Jawohl, es kommt durchaus vor, dass ich nicht mehr kann. Dass mein Teint blass und blutleer ist. Sie hasst das. Ich hingegen denke mir: Ist es wirklich so abwegig, Winterschlaf zu halten während des langen Winters, den der andere durchlebt? Sie hingegen mustert mich geringschätzig, bebend vor Missbilligung. Nichts ist ihr so tief zuwider wie die Opfer, die ich erbringe. Und ich reibe ihr diese an manchen Tagen so richtig unter die Nase, ich, ja ich beklage mich. Zahle ich ihr etwas heim, indem ich mir meine Erschöpfung so deutlich anmerken lasse? Stimmt es am Ende, dass unserer Güte immer auch eine gewisse Grausamkeit innewohnt? Auf alle Fälle lässt sie sich nicht aus der Ruhe bringen. Sie stützt sich auf beide Ellbogen. Und sobald sie diese Geste macht, ist ihr Alter vergessen, sie wird mit einem Satz auf mich zuschießen, wird fünf Zentimeter vor meinem Körper innehalten, so wie sie es tat, als ich noch ein Kind war und sie mir ihre Überlegenheit demonstrieren wollte. Ich brauche eine Weile, um zu begreifen, dass sie nicht mehr auf mich zuspringen wird. Obwohl. Was sind diese Worte meiner über meine mangelnde Antriebskraft entrüsteten Mutter, die ich hier im O-Ton wiedergebe, anderes als Ausdruck blanker Macht: »Wie, du gehst nicht mehr aus? Und wieso das, wenn man fragen darf?« – »Wenn du nicht mir zum Trotz lebst, wie willst du mich dann bitte schön überleben?« – »Ich rate dir nur eines, sobald du hier draußen bist: mal ein paar Stunden zu vergessen, dass es mich überhaupt gibt.« – »Geh weiter unter die Leute, sonst wirst du sie einen nach dem anderen verlieren: Man wird dich nicht auf ein Podest heben, weil du das menschliche Elend entdeckt hast.« – »Sag mal, du wirst doch nicht ausgerechnet jetzt das Interesse am Leben verlieren, wo deine Mutter seinen Wert erkennt?« – »Und was ist mit den Männern, gibt's da nichts Neues zu vermelden?«

Sie vergisst, dass ich gekommen bin. Aber sie vergisst nie zu fragen, wo die saftigen Oliven sind, die ich ihr versprochen habe. Es ist einfach so, dass ich nicht immer daran denke, noch bei der armenischen Lebensmittelhandlung vorbeizufahren, einem Geschäft, das überhaupt nicht in meinem Einzugsbereich liegt und in dem, was die Sache kein bisschen besser macht, die beiden Angestellten in etwa das Alter meiner Mutter haben. Sie brauchen so endlos lange, um einem eine Handvoll Oliven abzufüllen, dass sie einen zur Verzweiflung bringen. Die Arbeit strengt sie an. Sobald man sagt, was man will, stoßen sie erst einmal einen Seufzer aus. Sie sind Brüder, sie ähneln sich. Falls der Käufer vor einem ein alter Stammkunde ist, kann man getrost den halben Nachmittag für seinen Einkauf dort einkalkulieren. Der altmodische Herr an der Kasse schenkt mir eingelegte Feigen, die ich nicht essen werde. Zum Zeichen seiner Wertschätzung erklärt er mir: »Mademoiselle, leider habe ich eine Ehefrau zu Hause, doch wenn dem nicht so wäre, wer weiß, wo das mit uns noch hinführen würde?« Ich verlasse den Laden, und sie nennen mich zum Abschied »Sireliss«, was so viel heißt wie »mein Liebchen«. Dieser altertümliche kleine Laden wird wohl mit ihnen und meiner Mutter zusammen verschwinden.

»Das nächste Mal bringst du mir Kalamata-Oliven mit.

Die dicken. Die Mammutoliven«, sagt sie. Denn die, die ich besorgt habe, haben für ihren Geschmack eine zu feste Schale. Wenn ich dann ein nächstes Mal die allerdicksten besorge, befindet sie den Kern für zu groß. »Es gibt da noch eine andere Sorte«, entsinnt sie sich. »Heller und saftiger.« Doch wenn ich ihr die mitbringe, an die sie dabei denkt, die Taggiasca-Oliven, lautet ihr Urteil »zu salzig«. Die griechischen mit der runzeligen Schale schmecken für ihr Empfinden bitter. An den Parajera-Oliven ist nicht genügend Fruchtfleisch dran. Die Arbequina-Oliven sind nicht armenisch genug. Die Picholines sind zu klein. Die Grossane-Oliven zu rund. Die Salonenque-Oliven zu grün. Und die Lucques-Oliven schmecken, wie sie energisch erklärt, nichtssagend, sie haben nichts Orientalisches an sich.

Natürlich vermisst sie die mit baskischem Chili eingelegten Oliven von den Märkten in Südfrankreich. Ich wage allerdings zu behaupten, dass sie, würde ich sie ihr mitbringen, ebenfalls nicht der Vorstellung entsprächen, die sie sich davon macht.

Unlängst war mein Elan endgültig erschöpft (ich sollte erneut zu dem armenischen Lebensmittelladen fahren), und ich erklärte ihr, dass man den Geschmack, den man in Erinnerung hat, niemals wiederfinden würde. Daraufhin gab sie schließlich nach, so als ließe es sich auch hier, einmal mehr, nicht vermeiden, dass man im hohen Alter gewisse Abstriche macht: »Vielleicht wäre es besser, du besorgst mir ganz gewöhnliche. Ich komm dann schon zurecht.«

Zuweilen überkreuzt sich mein Besuch mit dem von Leila. Sehr zur Freude meiner Mutter, die uns gern zuhört, wenn wir miteinander reden. Dann füllt sich für eine Stunde ihr Haus so richtig mit Farbe und Leben und wird zum Treffpunkt für ein Plauderstündchen. Wachsam verfolgt sie unsere Unterhaltung, wobei sie den Kopf jeweils derjenigen zuwendet, die gerade das Wort hat, und dann der anderen, wenn diese noch etwas zu dem Gesagten zu ergänzen hat. Man könnte meinen, sie wohne einem Tennismatch bei. Und in gewisser Weise ist ein verbaler Ballwechsel zwischen Leila und mir tatsächlich eine Attraktion. Das Unterhaltungsprogramm spielt sich nicht allein auf den Fernsehbühnen ab. Für sie tobt das Leben einfach überall. Das wird ihr in solchen Momenten bewusst.

Sie selbst spricht wenig, viel zu sehr davon eingenommen, das Schauspiel voll auszukosten. Also sprechen wir beide über sie. Davon, wie wach sie noch ist im Kopf, während sie ebendiesen Kopf nach uns reckt, völlig fasziniert vom Thema des Tages. Und bei dieser Gelegenheit unternimmt sie die unerhörte Anstrengung, sich in ihrem Sessel aufzurichten. Wir sprechen von ihrem Lächeln. Auch Leila, die marokkanischer Abstammung ist, erkennt darin die Zuvorkommenheit derer, die fremd sind in einem Land. Und wir sprechen darüber, über die positiven Seiten des Exils. Wir schweifen zu allgemeinen Themen ab – und kommen dann wieder auf meine Mutter zurück. Ihre Wangen beginnen erneut zu glühen. Wir sprechen über ihr Gesicht, bei dessen Erschaffung die Götter es gut gemeint haben und das ihr das Aussehen einer Griechin verleiht. Leila geht noch weiter: »Ja, das Aussehen einer Russin oder gar einer Komtess«, und darauf gerät meine Mutter endgültig aus dem Häuschen vor Freude. Wir bescheinigen ihr lauter herausragende Eigenschaften. Sie nimmt all diese Komplimente mit einem billigenden Nicken entgegen – man könnte meinen, ein gelehrter Rabbiner, der zustimmt, dass die Welt großartig ist. Sie schweigt. Und ich habe begriffen: Durch ihr Schweigen kaschiert sie, dass sie nicht mehr die Schnellste ist. Ich frage sie, welche Schwäche sie überhaupt noch haben könnte angesichts dieser unüberschaubaren Fülle von Tugenden. Das mache ich, um ihr Gedächtnis auf Trab zu bringen. Die Stimmung schlägt um. Nicht so schnell. Da muss sie erst einmal nachdenken. Den Zeigefinger auf die Lippen gelegt, beginnt sie zu überlegen. In der Wohnung herrscht vollkommene Stille, es erinnert mich an den Tag nach einem Fest. Und die Sekunden verstreichen und verstreichen weiter und immer weiter, und keinerlei Einfall. Und aus den Sekunden werden Minuten. Wir werden sie nicht nötigen, noch tiefer zu forschen. Vielleicht hat man ja, wenn man älter wird, auch gar keine schlechten Eigenschaften mehr. Ich habe beobachtet, wie sie sich mit der Zeit verschärften, doch anschließend wurde es dann wieder besser. Kurzum, wir wechseln das Thema. Ja, wir haben die Frage bald schon vergessen.

Und dann fällt es ihr wieder ein: »Ach doch, ich habe eine Schwäche: Ich habe Hemmungen, andere zu belästigen.«

Der Pflegehelfer, der mit seinem Medikamentenwagen vor dem Zimmer meiner Mutter anlangt. Er verströmt mehr Sonnenschein als jeder Eisverkäufer. »Mohammed« prangt in riesenhaften Lettern, die fast den gesamten Rumpf einnehmen, auf seinem Kittel: »Das ist, damit sie es lesen können«, wie er mir erklärt. Er verrichtet diese wahnwitzige Arbeit. Wer nimmt schon eine solche Tätigkeit an, frage ich mich im Stillen. Doch man möchte meinen, er habe meine Frage gehört. Dies ist für ihn der Tag der Erklärungen: Er ist stolz, mir auseinanderzusetzen, dass diese Arbeit nur Wenige zu verrichten vermögen. Genau aus diesem Grund ist es schwierig, überhaupt genommen zu werden. Er hat seine Vorstellungsgespräche hier jedoch als Lichtblick in Erinnerung. »Man erzählte mir von der Bedeutung der Menschlichkeit.« Zuvor war er Kassierer bei der Einzelhandelskette Carrefour gewesen. Er weiß, was es heißt, keinem einen echten Dienst zu erweisen. Er war gefeuert worden, weil er Mitleid mit einer Kundin bekommen und ihr drei Euro nachgelassen hatte. »Ich kannte sie, da sie öfter bei uns einkaufte, und das war bereits ein Vergehen, das können Sie sich ja vorstellen …« Überall, wo er beschäftigt war, kam der Arbeitgeber rasch auf die Gesetze des Marktes zu sprechen. Hier fragte man ihn (der sich als einfache Hilfskraft beworben hatte), ob es in seiner Familie alte Menschen gebe; man fragte ihn, was er für Vorstellungen zum Thema Schamgefühl habe, ob Gebrechlichkeit bei ihm ein Gefühl der Hilflosigkeit hervorrufe, ob er sich ausmalen könne, dass ein Mensch eine Brücke zu anderen Menschen schlage. Das ging so weit, dass ihn schon vorübergehend die Befürchtung beschlich, er könnte in eine Sekte hineingeraten sein. Die ersten Wochen überwachten diejenigen, die schon länger dort arbeiteten, jeden seiner Schritte. Er putzte ein Zimmer, ohne die Person, die dort im Bett lag, zu beachten, und einer beobachtete ihn dabei. Beim anschließenden Meeting sprach eine Vorgesetzte ihn darauf an: »Mohammed, sieh die Patienten an, wenn du in ihre Privatsphäre eindringst, hab keine Scheu.« Und dass man ihm gegenüber das Wort »Scheu« gebrauchte, statt ihm »Gleichgültigkeit«, »Unfähigkeit«, »negative Leistungen« oder »geistige Beschränktheit« vorzuwerfen, rührte ihn zutiefst.

Drei Jahre, bis er es zum Pflegehelfer brachte. Er versteht etwas von seinem Metier und fürchtet weder forderndes Verhalten noch Zurückweisung; er weiß, wie man aufrichtet, was sich krümmt, wie man Patienten, bei denen einschließlich der verzweifelten Angehörigen alle resignieren, mit sanfter Gewalt, aber vertrauensvoll wieder auf die Beine hilft. Er nimmt nun seltener den Besen zur Hand. Dafür kommt er mit den Körpern und dem, was von ihnen ausgeht, in Berührung. »Das könnten Sie selbst nicht machen«, sagt er zu mir. »Man muss die richtigen Handgriffe kennen. Man muss es gelernt haben. Und man muss es verstanden haben.« Er denkt nach, während sein Blick nach draußen schweift, wo durch ein Fenster ein paar kahle Bäume zu erkennen sind: »Das ist nicht einfach nur ein Pflichtjob.«

Die Tage, an denen ich schwach war. Krank, mich mühsam dahinschleppte. Nicht wagend, irgendjemandem zu sagen, dass ich das Ganze nicht mehr länger durchhielt. Panisch rieb ich mir meinen übersäuerten Magen, der sich wie verätzt anfühlte. Nachts krümmte ich mich wie ein Fötus, weil es mich in diesem Bereich so schmerzte. Ja, wie ein Fötus, natürlich. Wo war meine Kraft geblieben? Wo war die Frau geblieben? Ja, wann würde ich überhaupt zur Frau? Beim Arzt schämte ich mich. Es ist immer wieder dieselbe schreckliche Geschichte – ein guter Fachmann, der einen behandelt, einen vollständig heilt, und man selbst kreuzt alle fünf Monate mit demselben Leiden wieder bei ihm auf. Er wird meinen, ich mache das mit Fleiß. So sagte ich mir jedenfalls. Ich schämte mich, schämte mich so entsetzlich. Da wünschte man wirklich, man wäre eine verführerische Kurtisane, lasterhaft, erotisch, die im Extremfall auch eine absolute Bauchlandung in Kauf nimmt und jede sich bietende Gelegenheit zum Sex gierig ergreift. Es gibt Frauen, die schaffen es, sich in solche Situationen zu bringen, familiäre Verpflichtungen hin oder her. Ich habe miterlebt, wie Frauen ungeniert ihresgleichen in die Arme sanken, einfach nur, um einen Abend lang die Männer oder die Sorgen zu vergessen. Ich hätte mich ebenfalls irgendwelchen Männern an den Hals werfen können, um das Volk der alten Damen zu vergessen. Hätte meine Verführungskünste spielen lassen können. Aber nein, ich tat nichts dergleichen. Ich kümmerte so vor mich hin in meiner Enthaltsamkeit, die mir immer selbstverständlicher erschien. Ich betrachtete mich im Spiegel, musterte mein Gesicht, das aufgrund meiner Bauchschmerzen blass geworden war, und meinte auf meiner Stirn, zwischen den Augen, eine noble Partie zu erkennen, so glatt und ebenmäßig wie der Nasenrücken eines Pferdes, die ich umgehend zum Ziel meines Hasses erkor. Ich erblickte darin die ersten Anzeichen der Heiligkeit, einer Sackgasse, gegen die die Magenbeschwerden die reinste Bagatelle waren. Und ich wehrte mich mit aller Macht dagegen. Wer will schon eine Heilige sein, wenn es vielleicht noch Männer wie Robert Mitchum gibt. Und wer will vor allem schon etwas von einer Heiligen?

Was ich an Phantasie bräuchte, um das Wagnis einzugehen, wieder ein etwas ausschweifenderes Leben zu führen. Mich zu schminken. Wieder einmal mit meinen Beinen zu kokettieren. Fremden Blicken standzuhalten, auf die Gefahr hin, dass man in meinem eigenen etwas Rätselhaft-Unergründliches entdeckt. Es zuzulassen, dass einer sich anschickt, meine Haut zu berühren, und mich der grenzenlosen Wohltat anzüglicher Worte hinzugeben. Zu vergessen, dass der Körper langsam verfällt. Oder aber mir, im Zuge einer soliden Beweisführung, in einer Nacht der zügellosen Hingabe in der belanglosen Umarmung irgendeines windigen Casanovas sagen, dass der körperliche Verfall die unterschiedlichsten Formen annimmt, und das im Laufe des Lebens oftmals auf eine ganz und gar verlockende Art und Weise. Dass alles halb so schlimm ist. Dem schwindenden

Abstand zwischen meinem Körper und dem meiner Mutter einen Riegel vorschieben. Mir immer wieder neu vor Augen führen, dass sie mich zur Welt gebracht hatte. Dass sie Männer begehrt hatte. Dass ich das sehr wohl ebenfalls konnte.

Jener Sonntag, als sie in Schweigen versunken ist. Sie ruft nicht: »Meine Tochter!«, als sie den Schlüssel im Türschloss hört. Sie hat weder vor dem Fernseher Stellung bezogen noch vor dem Fenster. Hat auch nicht das Radio auf den Knien. Sondern sie sitzt im Sessel, die Ellbogen auf ihr Essenstablett gestützt, die Fäuste in die Wangen gegraben. Und hat obendrein noch die Stirn in Falten gelegt, als brüte sie Gott weiß was aus. Ich trete zu ihr hin, um zu fragen, was los ist, doch sie kommt mir sofort zuvor: »Pscht!« Und ich bin still, denn was habe ich je anderes getan, als ihr zu gehorchen?

In dem Moment höre ich sie auch. Es kommt von drüben hinter der nachträglich eingezogenen Wand, mit der man vor langer Zeit die einst weitläufige Wohnung in zwei Einheiten unterteilt hat. Sie gebärden sich alles andere als zurückhaltend. Sie stöhnt: »Du versauter Kerl, was machst du da mit mir?« und »Au, du tust mir weh!«, doch durch die Wand dringt unüberhörbare Heiterkeit herüber, ein vergnügter Unterton in dem Lamentieren dieser Frau, deren Gezeter im Grunde genommen Ausdruck ihrer Zustimmung ist. Selbst als ein schreckenerregendes Geräusch, das wie ein Fausthieb klingt, ihren Wortwechsel unterbricht, hört man schon in der Sekunde darauf die Frau fröhlich glucksen: »Du mieser Stümper, du hast mich aus dem Bett geschubst, los, heb mich wieder auf!« Und dann geht es von vorne los, man hört sie schreien und stöhnen und sich wild hin und her bewegen. »Kommt das oft vor?«, frage ich leise. »Ständig. Und sogar nachts, kannst du dir das vorstellen?«, erwidert meine Mutter, während der Mann auf der anderen Seite der Wand sein Tun und Lassen in einem fort kommentiert und es scheinen will, als sei er gleichsam ein mit überirdischer Ausdauer gesegneter Dompteur. Das unbändige Gebaren dieses Paares, hier, so dicht neben uns. Wir sitzen einfach nur da und lauschen, zuversichtlich, dass ein solch intensives Treiben ja auch nicht ewig währen kann. Und doch gehen die Lustbarkeiten auf der anderen Seite munter weiter. Als mögliche Erklärung bietet sich an, dass dieser Dompteur Schwierigkeiten hat, den Dressurakt abzuschließen. Wir wagen es weder zu lachen noch zu reden. Es dauert geradezu irrwitzig lange und wird schließlich unerträglich. »Willst du nicht mal an die Wand klopfen?«, fragt meine Mutter. Ich zögere. Es mag unerträglich sein, schön und gut, aber dennoch sind da zwei Menschen, die ihren Spaß haben und einander begehren. »Komm, klopf an die Wand, ja?«, beharrt sie. Und ich tue es. Drüben gewinnen die Aktivitäten deutlich an Intensität und an Ausdrucksreichtum, doch ich kann es nicht genau hören, denn ich bin ja gerade dabei, an die Wand zu schlagen. Meine Mutter hält ihr Essenstablett mit beiden Händen fest, als könnte es unter der Erschütterung zu Boden fallen.

Die beiden halten abrupt inne, und ich bedauere sogleich, sie an der Fortsetzung ihres Vergnügens gehindert zu haben.

Danach bleibt meine Mutter eine geschlagene Stunde lang mit gerecktem Hals sitzen, den Blick auf die Wand geheftet, und bekommt nichts mit von dem, was ich ihr erzähle. Ich frage sie zuckersüß: »Sag mal, du machst dir nicht etwa zufällig Hoffnungen, dass sie wieder damit anfangen, hm?« Und ihre Antwort: »Du wirst schon noch sehen, wie das ist, wenn du erst mal so alt bist wie ich. Das gibt es nicht so häufig, ein spannendes Ereignis, bei dem man selbst keinerlei Risiko eingeht.«

Wenn versehentlich jemand, den sie kennt, auf die dumme Idee kommt zu sterben, weiß man nie, wie man es ihr am besten beibringen soll. Zu einem Zeitpunkt, da die Person bereits tot ist, beginnt man die Tatsache zu erwähnen, dass es dieser Person nicht besonders gutgeht. Dass ihr Gesundheitszustand sich verschlechtert hat. Dass sie Tag und Nacht schläft. Dass man auf das Schlimmste gefasst ist. Ja, dass man dieses Schlimmste eigentlich beinah erhoffen muss, wenn man bedenkt, in welcher Verfassung sich die Person befindet (die bereits unter der Erde liegt – aber das verschweigt man natürlich). Und man überlässt es meiner Mutter, ihre Schlüsse zu ziehen: »In diesem Fall wäre es vielleicht besser, sie wacht gar nicht mehr auf«, bemerkt sie dann oder: »Weißt du, irgendwann ist einfach deine Zeit gekommen«, irgendeine Überlegung dieser Art. Man könnte schwören, sie sei darauf vorbereitet. Täglich fragt sie, ob es etwas Neues gibt. Und man erteilt entsprechend Auskunft. Nach einer gewissen Zeit stellt sie keine Fragen mehr. Mein Bruder klärt mich auf: »Sie hat es verstanden.« Das Alter bringt seine eigene Form der Weisheit mit sich.

Nur einmal, als wir auf diese Art verfahren waren, lief alles ganz anders. Ich war gerade zur Tür hereingekommen und stand vor dem Bett meiner Mutter, damit beschäftigt, meinen Mantel aufzuknöpfen, während sie mir Komplimente zu meinem Schal machte. Tja, und da, genau in dem Moment, sah sie mich plötzlich aus leicht zusammengekniffenen Augen an, wie jemand, der einem gleich einen Witz erzählen wird, und fragte, ohne mit der Wimper zu zucken: »Sag mal, Elena ist nicht zufällig gestorben?« Was tun angesichts der Wahrheit? Ich hatte keine Kraft mehr zu lügen. Zumal sie auch noch so sehr darauf gefasst schien. Ich erwiderte: »Ja, Elena ist vor vier Monaten gestorben.« Elena war achtunddreißig gewesen und hatte einen Gehirntumor gehabt. Sie war einst mit meinem Bruder verheiratet gewesen. »Oh nein …«, hatte meine Mutter gesagt. Und dann sofort ihr Kummer, unerträglich. Sie weinte, wie alte Menschen weinen, die Schluchzer stiegen aus ihrer Kehle empor, denn ihr Tränenkanal war ebenfalls vertrocknet und erlaubte keine echten Tränen mehr.

Ich verstand nicht, warum sie weinte, wo sie es doch bereits geahnt hatte.

Und es wurde mir bewusst, dass meine Mutter so lange nicht mehr nach Elena gefragt hatte, dass wirklich und wahrhaftig genug Zeit zum Sterben gewesen war. Allerdings für einen Tod, wie sie ihn sich vorstellte. Mir wurde klar, was der Tod für meine Mutter war: etwas, wozu sie entschlossen war und was nicht das Leben war, was aber auch auf keinen Fall dem Tod ähnelte, wie ihn die Lebenden darstellten, ihn sich ausmalten, ihn beschrieben und einem präsentierten. Es gab einen Zustand, der nicht dem durch andere vermittelten Bild entsprach, sondern ihrer eigenen Phantasie entsprungen war, einen Zustand, in dem man aufhörte zu sein. Eine Art Schwebezustand. Und wenn man sich unterstand, dieser Vorstellung eine andersgeartete Wirklichkeit entgegenzusetzen, nahm man ihr nicht nur ihren Glauben, sondern schlimmer noch, man beraubte sie ihrer Kreativität.

Sie konnte es noch nie leiden, wenn man sie berührte. Um einem ein einfaches Begrüßungsküsschen zu geben, reckt sie das Kinn und küsst nichts als die Luft, die Lider geschlossen, damit nichts von dem anderen in sie eindringt. Früher, in ihrem geliebten französischen Süden, erlebte ich mit, wie sie sich weigerte, Freunde am Strand begrüßen zu gehen, mit der Begründung, diese knutschten einen immer so hemmungslos ab. Freunde, von denen sie während des Winters voll Sehnsucht gesprochen hatte. »Ach, mein Gott, das wird wieder prickelnd«, wetterte sie, als sie sie herankommen sah, denn sie hatten uns ebenfalls gesehen. »Ich umarme euch nicht, ich bin voller Sonnenöl!«, baute sie vor. Überglücklich, so eine triftige Ausrede zu haben. »Ist doch nicht schlimm! Wir sind ja selbst eingeölt!«, erwiderten diese widerwärtigen Sinnenmenschen. Noch heftigere Aversion meiner Mutter. Mich amüsierte dies »Und obendrein noch ihr Öl auf der Haut«, das ihr förmlich ins Gesicht geschrieben stand. Je niedriger der gesellschaftliche Stand, desto höher die Anzahl der Küsschen, desto ungezähmter stürzte sich der andere auf einen, ohne jegliche Wahrung der Formen. Presste einem großflächig seine bloße Haut auf den Leib. Das ließ sie nachgerade zum Snob mutieren. Doch woher kam diese Abscheu? Sie selbst bemerkte dazu: »Das hat seine Wurzeln in der Schamhaftigkeit der Armenier.«

Angeblich bestand bei den Orientalen die Tendenz, sich allzu zudringlicher Gesten zu enthalten. Ich schluckte das. Und dann meine Überraschung, als ich meine Landsleute dabei ertappte, wie sie einander auf den Mund küssten, in einer Berghütte im Jura, wo armenische Studenten aus aller Welt sich alljährlich zusammenfanden. Doch diese Überraschung war nichts im Vergleich zu der, die mich etliche Jahre später erwartete, an dem Tag, als meine gealterte Mutter, die jetzt auf andere angewiesen war und im Krankenhaus lag, mir die folgende Mitteilung machte: Die Pflegehelfer sagten angeblich, dass sie auf dem gesamten Stockwerk die zarteste Haut besaß. »Das ist wirklich eine meiner Schokoladenseiten«, prahlte sie, »dass ich eine Haut wie Seide habe.« Und zum Beweis hielt sie mir ihre Hand hin, auf dass ich selbst fühlen und ihr ehrlich und aufrichtig sagen möge, ob die Experten nun recht hatten oder nicht. Ich hatte sie seit meiner Kindheit nicht mehr berührt. Bei uns in der Familie küsst man sich nicht auf die Wange oder nimmt sich in den Arm, weder zur Begrüßung noch zum Abschied, weder in den Ferien beim Frühstück noch zu Geburtstagen. Lediglich hin und wieder zu Dreikönig, aber wir wissen, was man in der Situation tut, und falls durch einen unglücklichen Zufall wir diejenigen sind, die an diesem Tag die Bohne oder das Figürchen im Kuchen erwischen, verstehen wir uns darauf, das gute Stück diskret unter den Tisch kullern zu lassen. Nun, also sie hielt mir ihre Hand hin. Und es stimmte, ihre Haut war zart, ihre Handflächen samtig weich. Ein Pflegehelfer trat ins Zimmer; es war derjenige, der ihr als Erster ein Kompliment gemacht hatte. Sie stellte vor: »Das ist meine Tochter. Ich habe sie meine Hände fühlen lassen.« Geradezu aberwitzige Verzückung meiner Mutter. Sie entdeckte mit über achtzig dank irgendwelcher Männer, die sie zu einem Teil bezahlte (dem Teil, den weder die allgemeine Krankenversicherung noch die private Zusatzversicherung übernahm), die grenzenlosen Wonnen der Berührung.

Die unglaublich zarte Haut. Das, was unabdingbar damit einhergeht: die Empfindlichkeit. Diese Haut war mit den Jahren immer dicker geworden. Doch wenn man es erst einmal so weit geschafft hat, wenn der Tag gekommen ist, an dem man wirklich alt ist, wird die oberste Hautschicht zu jenem seidigen Schleier, den schon ein brüchiger Fingernagel einzuritzen vermag. Wir, ja wir nehmen das natürlich nicht wahr. Sondern bemerken schnell einmal etwas zu pergamentener Haut, so wie wir sagen: »Das ist eben das Leben«, wenn wir nichts zu sagen haben. Und wir glauben, was wir sehen. Die Fassungslosigkeit meiner Mutter an dem Tag, als man ihr zum ersten Mal die Arme eincremte und daraufhin sämtliche Falten geglättet schienen. Sie war wie neugeboren danach. Sie, ja sie starrte auf ihren angewinkelten Arm, den sie so weit wie möglich von sich weghielt, in exakt der Art und Weise, in der sie es einst getan hatte, um Ringe anzuprobieren. Für sie wog diese neue Haut alle Schmuckstücke auf. Ein weiterer Anlass zur Fassungslosigkeit war die Feststellung, dass diese so wirksam mit Feuchtigkeit versorgte Haut auf den geringfügigsten Stoß hin von Blutergüssen überzogen war. Dass sich dort unter der Haut Blutgefäße befanden, die ebenso fein, wenn nicht sogar feiner als ihre so leicht zu beschädigende Schutzschicht waren. Und dass darunter, noch tiefer drinnen, auch die Knochen wie aus Glas waren.

Kurzum, sie war ein Fakir, der auf gefährlichem Untergrund saß. Man durfte sich nicht stoßen. Durfte sich nicht auf die Schenkel schlagen beim Lachen, denn dann verletzte man sich. »Nun gut, ich werde mich eben nicht zu heftig bewegen«, beschloss sie. Und zu guter Letzt ihre Fassungslosigkeit, als sie von einem Arzt, der eigens erschienen war, um ihr die Situation in ihrem Zimmer zu erklären, auseinandergesetzt bekam, weshalb sie nicht einfach gemütlich im Bett liegen bleiben durfte, ohne sich zu rühren, weshalb man sie dazu nötigen musste, aufzustehen und sich zu bewegen, und wozu der Sessel gut war, und der Wechsel vom Bett in den Sessel und vom Sessel zurück ins Bett. Ihr Widerstand gegen die absurde Erklärung, die man ihr da servierte. Da wollten sie ihr, meiner hochintelligenten, mit so viel gesundem Menschenverstand gesegneten Mutter doch glatt weismachen, dass ihre zarte Haut, deren Verführungskraft sie in jüngster Zeit entdeckt hatte, absterben würde, wenn sie sich nicht bewegte. Nicht sie würde sterben, hatte der Arzt gesagt, nein, ihre Haut sei es, die absterben würde. Und zu allem Überfluss zog dieser armselige Typ, der es nicht wagte, die wundgelegenen Stellen beim Namen zu nennen, da ihm das Wort Druckbrand selbst nicht geheuer war, auch noch den Begriff Nekrose vor. Meine Mutter setzte jene angewiderte Miene auf, die sie vulgären Ausdrücken vorbehielt.

Kaum hatte man eine unwiderstehliche Haut, ging es auch schon mit den Scherereien los.

Eines Tages dann ein Beckenbruch. Die Notaufnahme. Der Assistenzarzt zeigt mir die Röntgenbilder. Sie, neben uns auf die Bahre hingestreckt, hört zu. Der Assistenzarzt fordert sie auf: »Erzählen Sie mir mal, wie das passiert ist.« Und meine Mutter, die mich eines Tages gewarnt hatte »Ich spreche nicht gern von mir selbst« und die noch wenige Sekunden zuvor zu geschwächt war, deren Kopf auf dem zu flachen Kopfkissen zu weit nach hinten geneigt war, als dass sie auch nur die einfachsten Worte über die Lippen gebracht hätte, hebt an zu erzählen: »Also, es war so, Herr Doktor, ich wurde in Griechenland geboren, auf Korfu. Im Jahre 1924. Sie müssen wissen, dass wir Armenier sind. Das ist eine bedeutende Kultur. Die ›armenische Kultur‹ ist ja im Übrigen ein fester Begriff. Meine Familie floh aus der Türkei. Meine Mutter gebar 1922, zu Beginn der Reise, in Çanakkale an den Dardanellen, ihr erstes Kind. Einige Zeit danach wurde meine Mutter in Kefallinia, Griechenland, ein zweites Mal schwanger. Die Entbindung dann auf Korfu. Sie waren kaum auf Korfu eingetroffen, da gingen meine Eltern vier Visa für Frankreich beantragen: für sich, für meine bereits geborene Schwester und für das künftige Kind. Es dauerte Monate, bis sie die Visa erhielten. Zwei Tage, nachdem sie sie bekommen hatten, brachte meine Mutter Zwillingstöchter zur Welt. Die Einwanderungsbehörde warnte meinen Vater:

›Sie sind nicht mehr zu viert, sondern zu fünft. Sie müssen komplett neue Papiere beantragen.‹ Das konnte abermals Monate in Anspruch nehmen. Und sie hatten bereits zwei Jahre Exil hinter sich. In denen sie ohne Arbeit und festes Zuhause auskommen mussten. Die Eltern meines Vaters weilten ebenfalls auf Korfu. Mein Großvater war Priester, aber bei uns können Priester heiraten. Mein Großvater hatte mehr oder weniger die Rolle des Diplomaten innerhalb der armenischen Gemeinschaft inne. Zu dem Zeitpunkt hatte er gerade seine Versetzung in den Libanon erhalten. Er sagte: ›Und wenn wir einen der Zwillinge mit uns nach Beirut nähmen, damit ihr keine neuen Visumsanträge stellen müsst?‹ Das schien in der Tat das Vernünftigste. Meine Mutter musste sich entscheiden, welche der beiden Zwillingstöchter sie zurückließ. Ich war ein zartes Baby. Meine Schwester hingegen war ausgesprochen gesund und kräftig. Meine Eltern sagten sich: ›Wir werden das empfindlichere Kind mitnehmen.‹ Und so machten wir uns auf den Weg. Sie hieß Aghavnie, die Schwester, die wir zurückließen. Sie war dreizehn, als sie zu uns nach Frankreich ziehen konnte. Ein Mädchen, das viel hübscher war als ich und das mehrere Sprachen sprach. Man hatte ihr wieder und wieder erklärt, dass ihre Mama sie nicht behalten hatte, weil sie so gesund und kräftig gewesen war. Folglich fand sie Gefallen daran, ständig krank zu sein. Zu der Zeit, als der Milzbrand gerade in aller Munde war, erhielt ich einen Brief. Es fühlte sich an, als enthielte der Umschlag Sand. Damals ging das Gerücht um, dass man Milzbrandsporen per Post bekommen konnte. Doch es waren keine Milzbrandsporen, es war ein Brief von meiner Schwester, die mir ihre gesammelte Tagesration Pillen und Kapseln schickte, als Beweis für ihren labilen

Gesundheitszustand. Zu guter Letzt zog sie sich eine wirkliche Krankheit zu, und zwar eine unheilbare und absolut seltene, wie es scheint. Sie wissen schon, eines dieser Stiefkinder der Medizin. Eigentlich ist sie diejenige, die hier zwischen Ärzten und Pflegern liegen sollte, aber sie ist vor drei Tagen gestorben, und dafür bin ich jetzt gestürzt.«

Eines Sommers entschied ich mich für Korfu. Es ist klar, dass meine Mutter, wenn ein Reiseziel für sie in der ein oder anderen Weise von Interesse ist, ihre Angst, genauer die Angst, in meiner Abwesenheit zu stürzen, ohne dass einer ihr zu Hilfe eilt, besser unter Kontrolle hat. Wochen vor meiner Abreise kramt sie in ihrem Gedächtnis nach Anhaltspunkten, die mir helfen könnten, den Ort zu finden, an dem sie geboren ist. Sie sichtet Fotos, von deren Existenz ich keine Ahnung hatte und auf denen ihre Eltern zu sehen sind, wie sie ihre Babys eng umschlungen halten. Doch sie kann nichts Brauchbares entdecken.

Auf Korfu rufe ich sie aus einem Café in der Stadt an. »Achillion«, sagt sie mir. »So war der Name. Es ist mir wieder eingefallen.« Ich frage den Kellner, ob er einen Ort namens Achillion hier auf Korfu kennt. Kennt er. »Sie müssen die Küstenstraße in Richtung Levkímmi hinunterfahren. Es befindet sich in Gastouri, einem Dorf oberhalb des Meeres im Hinterland. Sie werden die Schilder sehen.«

Wir machen uns auf den Weg. Tatsächlich ist sehr bald schon Gastouri ausgeschildert. Und genauso bald und in goldenen Buchstaben: »Achillion«. Wir gelangen in das Dorf, wo dieses Achillion leicht zu finden ist: Es ist ein gigantischer Palast aus weißem Marmor. Eine Schlange von Touristen wartet geduldig vor einem Schalter. Auf einer Tafel steht: »Dieses geräumige Domizil wurde erbaut von der Kaiserin Sisi.« Ich rufe erneut bei meiner Mutter an: »Du hast dich geirrt«, erkläre ich. »Du kannst hier nicht geboren sein, denn hier steht der Palast von Kaiserin Sisi. Vielleicht bist du einfach in Gastouri geboren?« Während ich mit ihr spreche, besorgen wir uns Eintrittskarten und gehen hinein. Ich stehe nun im Park, und meine Mutter fragt: »Gibt es dort eine weitläufige französische Gartenanlage mit kugeligen Sträuchern?« Ja. »Es ist ganz aus weißem Marmor und hat drei Stockwerke?« Ja. »Es ist weiß, aber man möchte fast meinen, es sei blau, oder auch rosa?« Ja. »Den Haupteingang säumen Säulen?« Ja. »Der Boden ist grau-weiß, mit großen, quadratischen Steinplatten?« Ja. »Geh in die Eingangshalle.« Ich gehe dorthin. »Schweben dort an der bemalten Decke zehn Frauen am Himmel?« Ja. »Genau dort bin ich geboren. Meine Mutter hat es mir beschrieben. Und sag mal … Ist da noch jemand?«

Am Ausgang bestätigt mir ein Führer, dass der Palast während des Zweiten Weltkriegs als Krankenhaus diente und dass man anschließend eine ganze Weile lang Immigranten dort aufnahm, die auf dem Sprung nach Europa oder in die Vereinigten Staaten waren. Vorwiegend Armenier.

Man hatte mich ersucht, den Raum zu verlassen. Es war die Zeit, zu der das Pflegepersonal bei meiner Mutter erschien, um sie medizinisch zu versorgen, und ich lief auf der Station auf und ab. Es behagte mir nicht besonders, an einer Tür nach der anderen vorbeizukommen und Szenen zu erspähen, an die ich mich nicht wollte erinnern müssen. Menschen, die in ihrem Zimmer im Kreis herumliefen. Frauen mit wüst zerzaustem Haar, die leise vor sich hin brabbelten. Szenen dieser Art.

Ein Mann erregte meine Aufmerksamkeit: Er hatte einen Computer auf einem Tablett vor sich stehen. Es war das erste Mal, dass ich einen so alten Menschen an diesem Ort einen Computer benutzen sah. Er bemerkte mein Interesse. »Kommen Sie doch herein …«, forderte er mich auf. Ich wagte mich in sein Zimmer hinein, nicht ohne mich zu fragen, ob ich überhaupt das Recht dazu hatte. Auf seinem Bett lag eine karierte Tagesdecke. »Der Stoff stammt aus Indien«, erklärte er mir. Und fügte schmunzelnd hinzu: »Ich wollte diesem Raum einen persönlichen Touch verleihen.« Aus seiner Art zu reden ging für mich hervor, dass er gewohnt war, mit Sprache umzugehen. »Weshalb sind Sie denn hier?«, fragte ich, als hätten Leute seines Schlages hier nichts verloren. »Ich habe mir beide Beine gebrochen, als ich von der Arbeit kam. Ein Auto, das ich nicht gesehen habe. Aber hier sind schließlich alle irgendwie angeknackst, das können Sie sich ja denken.« Und ich: »Als Sie von der Arbeit kamen?«, denn dieser Mann wirkte älter als meine Mutter. Darauf er: »Ich bin Psychoanalytiker, bin allerdings schon neunzig Jahre alt. Viel interessanter ist aber eigentlich die Frage, was Sie hier machen, finden Sie nicht?« Ich erklärte, dass ich meiner Mutter wegen hier sei und dass diese im Zimmer nebenan liege. »Und was hält Ihre Mutter von dieser Einrichtung?«, erkundigte er sich. Ich erwiderte: »Dass dies der Ort ist, an den man sich begibt, wenn man keine andere Wahl hat.« Ich stand einige Meter von ihm entfernt. Jetzt, da wir uns miteinander unterhielten, nahm ich den gut aussehenden Mann deutlicher wahr, der sich unter den Falten, dem struppigen Haar, den Pantoffeln, dem leicht verwahrlost wirkenden, schlampig zugebundenen Morgenmantel verbarg. »Es ist verrückt, wie häufig man die Wahl hat«, erwiderte er mir, »und am Ende nutzt man die Gelegenheit nicht. Wissen Sie, meine Patienten wären fast alle in der Lage, einen Schritt nach vorne zu tun. Nein, wirklich, hier wird mir das erst richtig klar: Sie haben die Wahl, was man von mir hier, an diesem Ort nicht behaupten kann. Aber meinen Sie, das würde ihnen dabei helfen, sich weiterzuentwickeln? Nein, sie befreien sich auch weiterhin nicht aus den Fesseln einer nicht funktionierenden Paarbeziehung, oder sie sind auf einer früheren Stufe stehengeblieben und kommen einfach nicht über die ödipale Phase hinaus, oder was weiß ich noch alles. Statt positive Gefühle zu nähren, verzehren sie sich in unendlichem Groll. Sie sind an einem Punkt angelangt, an dem sie ihre Wut als Fortschritt ansehen. Und dabei *haben* sie die Wahl, die ganze Zeit über. Ah, wenn ich die Arbeit wiederaufnehme, werde ich hart ins Gericht gehen mit diesen Verwünschten da draußen!« Ich halte dagegen: »Aber sind nicht jedem gewisse Grenzen gesetzt?« Er klappt unsanft den Deckel seines Notebooks zu. »Nein, hier ist der Ort, an dem dem Handeln wirklich Grenzen gesetzt sind.«

Ich berichte meiner Mutter, dass neben ihr ein ganz außergewöhnlicher Psychoanalytiker liegt. Voller Argwohn schielt sie zu mir hinüber – um mich von der Idee abzubringen, falls ich sie denn hegen sollte, sie beim Psychologen abzuliefern. Und das alles nur, weil sie alt ist, ein ganz natürliches Schicksal.

Ein Freund sagt zu mir: »Wenn ich mal alt bin, hätte ich gerne, dass man mir eine Spritze verpasst.« Er hat auch eine Vorstellung davon, wie seine tief empfundene Erkenntnis für die Menschheit nutzbar gemacht werden könnte: »Sie müssten alle eine Spritze neben ihrem Bett liegen haben, auf dem Tisch, weißt du, neben ihrem Telefon, ihrem Radio, ihrer Box mit Papiertüchern, ihren beiden Brillen. Sie könnten selbst entscheiden und müssten sich nicht dazu erniedrigen, darum zu bitten.« Er kehrt schockiert von einem Besuch bei seiner Mama zurück, die im Krankenhaus liegt: »Stell dir bloß vor, die Fenster im Krankenhaus lassen sich nicht öffnen. Sie haben die Griffe abmontiert. Ich habe mich erkundigt, was das soll, und weißt du, was man mir geantwortet hat? Das mache man, um zu verhüten, dass sie sich aus dem Fenster hinausstürzen! Scheiße noch mal, wenigstens das könnte man ihnen doch lassen, findest du nicht? Wenn es das ist, wonach ihnen der Sinn steht … Das ist doch schließlich *ihre* Entscheidung, man darf sie doch nicht dazu zwingen weiterzuleben. Also wirklich, das wäre der absolute Horror für mich, dass man mir vorschreibt, was ich zu tun und zu lassen habe.«

Was ich gelernt habe: Ein alter Mensch, der sterben will, stirbt auch. Und der Mensch entscheidet in der Tat selbst darüber. Jedoch nicht in der Weise, wie mein Freund sich das vorstellt. Sondern er saugt sich gleichsam am Bett fest. Die Lider gesenkt, erwartet er seine hochverehrten Gäste: die Mikroben, die Bazillen, die resistenten Bakterienstämme. Große Familien, über die er ausnahmslos alles weiß (häufig hat er seine eigenen Kinder gepflegt oder auch seine Eltern oder sich selbst). Er erkennt jeden der Geladenen wieder. Lässt diese Horde bei sich einfallen, wohl wissend, dass sein Zuhause, seit er kapituliert hat, nicht mehr der Ort ist, an dem er so viel erlebt hat und an den er nie mehr zurückkehren wird, die Bleibe, deren Tür er nie wieder öffnen wird. Sein Zuhause, das ist jetzt sein Körper. Dort empfängt er alle. Auf dass sie über Nacht bleiben. »Bleibt, so lange ihr wollt.« Und die Gäste richten sich häuslich ein, wer täte das nicht? Die Parasiten mischen sich unter die anderen. Die Pilze, diese Schmarotzer. Sie fühlen sich so richtig wohl in diesem Körper. »Es muss endlich ein Ende haben!«, schreit dieser Körper laut heraus, denn der Körper spricht stets die direkteste Sprache. Die echte Familie kommt plötzlich häufiger zu Besuch. In dem kleinen Schlafzimmer scheinen die Besucher zu lächeln. Das sollten Sie mal sehen. Und die Pflichtbesuche an Festtagen, da tragen sie vielleicht eine gute Laune zur Schau. Also zum Beispiel an Weihnachten, bei Familientreffen. Pah, ist das denn wirklich so wichtig, wie die Einzelnen gelaunt sind? Zuweilen sagt man ein letztes Mal die Wahrheit. Wenn man nicht mehr auf Einkaufstour gehen kann, ist dies das letzte Geschenk, das man zu bieten hat. Ja, vielleicht ist es ein feierlich präsentiertes Nichts, die Art, wie man sich ausdrückt. Doch was wäre ein Geschenk schon ohne eine schöne Verpackung?

Ein Essen, irgendwann in den letzten Jahren. Wir hatten nichts Dümmeres zu tun, als darüber zu sprechen, wer wohl gut im Bett sei und wer nicht. Und wir erstellten Listen. Auch ich beteiligte mich daran. Oft sind ja die blödsinnigsten Zerstreuungen die amüsantesten. Und ich kam dadurch zumindest auf andere Gedanken. Doch während jeder mit seinem Vorschlag herausrückte und einen Namen in die Runde warf, gefolgt von Kommentaren wie »Oh ja, absolut!«, »Uhhh, bloß nicht, wie grässlich!«, »Ich hab es als Erster gesagt« und »Na ja, die, nur wenn's sein muss …«, und während auch ich munter mitzumischen begann, kein bisschen besser als die anderen, beschlich mich der Gedanke, dass das, was wir da taten, nun, nicht nur schrecklich hohl, sondern obendrein noch entwürdigend war. Einer wagte es, den Namen einer Frau zu nennen, die bereits die vierzig überschritten hatte, worauf sich alle entrüstet gaben – eine solche Kandidatin kam nicht in Frage! Sie zogen die Jugend dem Alter entschieden vor. Und wer hätte ihnen das zum Vorwurf machen wollen? Doch das eigentlich Erschreckende war, an welchem Punkt sie den Beginn des Verfalls ansetzten: eine bezaubernde junge Frau, drei von ihnen hatten sich bereits näher mit ihr eingelassen. Doch nun hatten sie das Interesse an ihr verloren, denn sie hatte ihre Zeit gehabt. Sie war dreiunddreißig. Ich dachte an meine Mutter, die am Vortag zu mir gesagt hatte: »Bist du wirklich sechsundvierzig? Nein wirklich, bist du dir sicher? Saugst du dir das nicht gerade aus den Fingern, um mir eine Freude zu machen? Nein? Wirklich nicht? Es stimmt also … Mein Gott, bist du jung! Ich habe eine Tochter, die erst sechsundvierzig ist!« Sie hatte die Hände gefaltet, wie jemand, der bis dahin überhaupt nicht ermessen hat, welch kostbaren Schatz er besitzt.

Als ich nach jener Abendeinladung nach Hause zurückkehrte, sagte ich mir: »Was sind das für Menschen, die eine junge Frau von dreiunddreißig als ›nicht mehr ganz taufrisch‹ abtun? Und was werden sie, die so kleinlich richten, machen, wenn ihre schöne Haut und all das dahin sind? Mit der Jugendlichkeit welcher anderen jungen Frau oder welches anderen jungen Mannes werden sie ihre Angst vor dem Alter kompensieren? Und werden sie wirklich funktionieren, diese Tricks, mit denen sie der Vergänglichkeit zu entrinnen suchen?« Verwirrt und jeglicher Illusionen beraubt, sagte ich mir, dass dies vermutlich schon funktionieren würde. Dass sie alle Chancen hätten. Und wenn sie es waren, die recht hatten? Und wenn man bereits mit der Hälfte der Jahre, die meine Mutter auf dem Buckel hatte, zum alten Eisen zählte? Wenn man so etwas wie eine Tote war, die fortan, für den gesamten Rest ihres Lebens auf das Ende wartet? Ja, was dann?

Auf der verlassenen Straße begehrte ich gegen diesen Unfug auf, indem ich einen lauten Schrei ausstieß. Ein Herr im Anzug, der gerade an eine Mauer pinkelte, dachte, ich empörte mich über ihn. Er konnte sich kaum noch auf den Beinen halten, denn er war betrunken, er mit seinem schönen Pashminaschal und dem eleganten Hut. Und ich fragte mich, ob er auf der Flucht vor einer Mutter oder vor der Dummheit war.

Wir sehen Fotos an. Zum ersten Mal seit zehn Jahren öffnet sie diese Kiste. Zu meinen Kinderzeiten bewahrte sie im Deckel, nicht etwa im Verborgenen, sondern, im Gegenteil, gut sichtbar unter einer Klarsichtfolie, das Foto eines Mannes auf, den sie einst geliebt hatte. »Wo ist denn das Bild von Marcel Vincent?«, frage ich. »Von wem?«, fragt sie zurück. Ich erinnere sie daran, dass sie vor meinem Vater einen anderen Mann geliebt hat. Dass dieser Mann Katalane war und möglicherweise auch elsässisches Blut in den Adern hatte. Ja, richtig, sie entsinnt sich daran. »Stell dir bloß vor«, sagt sie zu mir, »wie alt er jetzt wäre … Er hat mich nicht verlassen, sondern mir ist die Sache klar geworden. Ich war ihn eines Tages besuchen gegangen, doch er war gerade außer Haus, weil er etwas besorgen musste. Auf einem Tisch sah ich einen Brief liegen. Er war noch nicht fertig geschrieben und lag unter einem Schal verborgen. Du weißt, ich verabscheue das zutiefst, oh Gott, ich verabscheue das wirklich, diese krankhafte Angewohnheit der Frauen, den Männern nachzuspionieren. Ich habe nur näher hingesehen, weil es mir schien, als hätte ich meinen Vornamen am Anfang des Briefes gelesen. Und tatsächlich, da stand mein Vorname. Wenn dort mein Vorname stand, so änderte das die Ausgangslage. Einen Brief, der an einen selbst gerichtet ist, darf man doch wohl mit gutem Recht lesen. Ich war gerührt, dass er mir schrieb. Man kann sagen, was man will, aber das geschriebene Wort hat doch eine gewisse Kraft. Ich lese also den Brief, und darin steht, dass er mich liebt und dass er so glücklich ist, mich zu heiraten. Ich bin zugleich erfreut und verblüfft. Wir haben nie von Ehe gesprochen. Und dann schreibt er auch noch, es sei eine gute Idee, in Lyon zu heiraten. Und er könne es kaum erwarten, Paris den Rücken zu kehren. Lyon? Warum Lyon? Na, um es kurz zu machen: Er heiratete eine Frau, die denselben Vornamen trug wie ich. Ich setzte mich aufs Bett. Ich wartete, den Brief in der Hand. Er kam nach Hause, sah mich und wurde kreidebleich. Dann sagte er: ›Diese Frau hat Geld, sie ist imstande, mir zu einer angesehenen gesellschaftlichen Position zu verhelfen.‹ Kannst du dir das vorstellen, dass einer seinerzeit solche Reden führte? Als ich dort hinausging, kam ich mir vor wie die ärmste aller Kirchenmäuse. Ich besaß keine materiellen Reichtümer und verlor obendrein an jenem Tag noch mein kostbarstes Gut, nämlich den Mann, den ich liebte. Meine Güte, wie uralt er jetzt wäre! Doch halt mal, warte: Was, wenn er noch am Leben ist? Denke nur, ich würde ihm begegnen; ich würde ihn höchstwahrscheinlich gar nicht wiedererkennen. Nicht die Liebe erstirbt, ja nicht einmal das Begehren. Ich werde dir etwas sagen: Was vergeht, ist die Ähnlichkeit mit dem eigenen äußeren Bild.«

Sie ruft mich an. Ihr steht der Sinn nach etwas Bestimmtem, und sie hätte gern, dass ich ihr herauszufinden helfe, nach was. Es hängt zusammen mit den Austern, die sie gestern geschlürft hat. Sie prustet vor Lachen, so albern ist es, dass es ihr nicht mehr einfallen will. Ich zähle eins nach dem anderen auf. Baguette? Roggenbrot? Doch nein, das ist es nicht. Es ist auch nicht die Butter, »da kennst du mich aber schlecht«, wie sie bemerkt. Wir gehen selbstverständlich alles durch: Könnten es in Essig eingelegte Schalotten sein? (Die liebt sie.) Das ist es jedoch ebenfalls nicht. Irgendwelche anderen Meeresfrüchte? Nein. Am Ende meiner Weisheit angelangt, frage ich: Gurken? Sie hatte mir eines Tages erzählt, wenn keine Austern verfügbar seien, dann könne man auch Gurken essen, da beide das gleiche Aroma hätten, zugleich frisch, wässrig und salzig wie das Meer. »Aber nicht doch, keine Gurken!«, entgegnet sie empört. Ich habe das Gefühl, jenes Kinderspiel zu spielen, bei dem einer zu dir sagt: »Heiß!« oder »Kalt!«. Und sie – sie verzweifelt an ihren Erinnerungslücken. Vorübergehender Themawechsel, als wir uns über ihr Gedächtnis unterhalten. »Oje, ja das … das lässt mich zunehmend im Stich«, erklärt sie mir. Ich schlage ihr vor, ihr Gehirn einmal anders zu betrachten, nämlich nicht als eine Schatulle, die sich leert, sondern im Gegenteil als eine reich gefüllte Truhe, voll Reminiszenzen an Ereignisse, die ihren Lebensweg gesäumt haben, an Gefühle, angenehme Dinge, ad acta gelegte Episoden, Liebesgeschichten, überwundene Enttäuschungen, herausragende Meilensteine, Überraschungen, geglückte ebenso wie missglückte Abenteuer, Jubelmomente und Erzählungen von anderen. Ich führe ins Feld, dass diese überbordende Fülle in ihrem Kopf, nun, dass ebendiese Fülle der Grund dafür ist, dass sie sich nicht erinnert. Denn in einem solchen Tohuwabohu fände selbst eine Katze ihre Jungen nicht mehr.

Ein Blick, in dem heiße Dankbarkeit zu lesen steht, und doch: »Das alles beschert uns aber noch keine Antwort auf die Frage, wonach es mich gerade gelüstet und was das ist, was mit den Austern zusammenhängt.« Dann ein flüchtig aufblitzender Erinnerungsfunke, und sie fügt hinzu: »Es ist etwas Wertvolles, aber was?« Ich frage, ob es vielleicht ihr Perlencollier sei. Sie schüttelt energisch den Kopf. Ihre zierlichen Fäuste aneinandergepresst wie Boxhandschuhe, sinnt sie mit schier übermenschlicher Konzentration nach. »Mein Gott, das nervt mich vielleicht, dass ich die elementarsten Dinge vergesse.« Und: »Hör zu, ich ruf dich an, wenn es mir wieder einfällt.«

Ich habe bereits den Mantel übergestreift und mich zum Gehen gewandt, als ich vernehme: »Ah, jetzt hab ich's, nun kommt es mir wieder. Ich habe Lust auf ein Stück Foie gras.« Gänseleber, das war's also.

Ihre Augen, die einmal braun waren, werden immer heller. Rund um den inneren, wässrig gewordenen braunen Kern, der nun ins Bernsteinfarbene hinüberspielt, verbreitert sich der himmelblaue Ring; er gleicht dem Ring eines Planeten, an dem man mit zunehmender Nähe ungeahnte Details gewahrt. Man erklärt mir, dass dies Verblassen der Farbe eine typische Alterserscheinung sei. Umso besser, dass es auch positive Alterserscheinungen gibt. Und was tut sie mit diesen Augen? Sie schaut aus dem Fenster. Verfolgt mit Argusblick, wer in der Apotheke ein und aus geht, erkennt, ob der Blumenhändler gute Laune hat, erspäht mit einer intuitiven Zielsicherheit, die es mit dem besten Feldstecher aufnehmen könnte, ob es Kapuzinerkresse gibt. Sie blättert die Zeitschriften und Magazine durch. Die Stars von einst, nicht wiederzuerkennen, sie bringt sie alle durcheinander. Die blutjungen Celebrities, die sie jedoch nicht kennt, sie bringt sie ebenfalls alle durcheinander. Sie schaut Fernsehen. Sie wäre besser als ich im Bilde über das, was auf der Welt geschieht, wenn sie sich merken könnte, was sie sieht. Sie erklärt gleichsam im Namen ihrer Generation: »Was für ein Segen für die Alten, dass es das Fernsehen gibt.« Mal abgesehen davon, dass es ein wahres Drama ist, wenn ihr die Fernbedienung auf den Boden fällt: Jawohl, wie soll sie ausschalten, wenn sie genug hat von dieser aufgesetzten Heiterkeit? Worauf sie lauert: hitzige Wortgefechte. Wenn jemand die Fernsehbühne verlässt, ruft sie mich an, gerade als habe derjenige soeben den Raum verlassen, um direkt weiter in mein Zimmer zu gehen. Ganz gleich, um welches Thema es sich dreht, sie liebt es, wenn die Leute sich streiten, dass die Fetzen fliegen. Als Kind fand ich es unerträglich, wenn andere aneinandergerieten. Sie und mein Vater begannen zu schreien, sie machte ihren Gefühlen Luft, indem sie ihm Abscheulichkeiten ins Gesicht spie, und er erhob sich zutiefst entsetzt vom Tisch und ging, um sein Essen zu erbrechen, während ich brüllte: »Hört auf, euch zu zanken! Schluss damit! Hört endlich auf!« Die Kaltschnäuzigkeit, mit der meine Mutter darauf reagierte: »Aber, wir zanken doch gar nicht. Wir *diskutieren.*« Dasselbe sagt sie mir heute, wenn sich die Leute in einer Fernsehsendung förmlich die Köpfe einschlagen. Und sie, sie sitzt da, ein Stückchen Rahat-Lokum in der Hand, und zählt die Punkte, die jede Seite macht.

Einmal, während eines kurzen Krankenhausaufenthaltes in der geriatrischen Abteilung, stellte sie die Überlegung an, dass der Fernsehapparat im Krankenhaus wohl umso kleiner ausfalle, je älter und schwachsichtiger die Leute seien. Und bemerkte, dass man ihn zudem noch wie eine Überwachungskamera oben an der Decke installiert habe, einer schmutzigen, grauen Decke, von der der Putz abgeblättert sei, in einem Bereich, in dem man es mehr schlecht als recht geschafft habe, ihn zu befestigen. »Das macht nicht gerade Lust. Damit schneiden sie sich ins eigene Fleisch«, erklärte sie. Als stellten diese in der medizinischen Einrichtung verfügbaren Patienten eine auserwählte, für die Einschaltquoten entscheidende Zuschauerschaft dar, eine überdurchschnittlich eifrige Konsumentenschar, und als sei die Medienwelt gut damit beraten, diese zufriedenzustellen.

Als ich ging, dachte ich: Später, wenn ich einmal alt bin, wird es vielleicht in den Krankenhäusern Bildschirme geben, die die gesamte Wand einnehmen. Die Wände werden nicht mehr lachsfarben, sondern weiß sein, und auf dieser weißen Fläche werden die gewünschten Bilder vorüberziehen. Über eine Webcam wird man die Menschen, die man liebt, dabei beobachten können, wie sie gerade in einem Park ihr Mittagessen einnehmen. Und man wird zu ihnen sprechen. Und sie werden uns hören.

Wo wir gerade von diesem beobachtenden Blick reden – ich werde nie den starren Blick vergessen, mit dem sie mich eines Abends, es war Weihnachten, fixierte. Im Korridor hatte das Personal mit Hilfe von Klebeband Girlanden drapiert. Ich hatte Kaviar mitgebracht, ein winziges Döschen, hatte ihn auf einem weißen Tischtuch angerichtet und eine Flasche Champagner geöffnet. Der Blick meiner Mutter war von Anfang an auf mich geheftet, doch ich war damit beschäftigt, den Tisch zu decken, und bemerkte nichts. Erst anschließend, als ich ihr den Kaviar zuschob, stellte ich fest, dass sie nicht etwa schon die Hand danach ausstreckte, sondern beide Hände unter die Bettdecke geschoben hatte, und ich begriff angesichts ihrer demonstrativen Reglosigkeit, dass sie sie auch nicht darunter hervorbewegen würde. Dass sie nichts essen würde. Ich fragte, wie es um ihren Appetit stehe, doch sie antwortete nicht. Ihre Augen bewegten sich mechanisch wie Kugeln in einem Kugellager und folgten mir durchs Zimmer, während ich darum bemüht war, Festtagsstimmung heraufzubeschwören. In ihrem Blick lag eine Bitte. Oder eine Angst, die sie hegte. Anfangs redete ich, ich packte die Geschenke aus, die ich mitgebracht hatte. Ich zeigte ihr das hübsche altrosa Bettjäckchen, ohne dass ich es gewagt hätte, näher zu treten, um es sie befühlen zu lassen, so spannungsgeladen war die Atmosphäre um ihr Bett unter ihrem Blick. Ich zeigte ihr die – samtweichen – Mokassins aus Veloursleder, die, von denen sie stets geträumt hatte. Doch wo waren ihre Träume an jenem Abend geblieben? Schon bald war ich damit fertig, Stück für Stück meine Wunder vor ihr auszubreiten, und es kehrte Schweigen ein. Es geschah das, was ich von Anfang an zu vermeiden gesucht hatte: Ich sah zu ihr auf, und angesichts ihrer stummen Verzweiflung schnürte sich mir das Herz zusammen. Jetzt war es nicht länger angesagt, immer neue Gesprächsthemen aus dem Hut zu zaubern. Ihr Blick ging mir unter die Haut, und die Wahrheit, die sie mir injizierte, erfüllte mich mit grenzenloser Müdigkeit, so als hätte ich seit Jahrhunderten nicht mehr geschlafen. Mir war zum Heulen zumute. Doch ich riss mich zusammen. Sie schluchzte auf ihre ganz eigene Art und Weise. Keine Träne rann aus ihren Augen, doch in ihrer Kehle hatte sich verdächtig viel Speichel angesammelt, und ich stellte fest, dass die schwachen Laute, die aus ihrer Kehle drangen, gleichsam das Ticken der Uhr ersetzten. Sodass ich mich schließlich und endlich, etwa nach einer Stunde dieses qualvollen Beisammenseins, während der ich mich mit zähen Fragen abgemüht hatte – ob sie sich schlecht fühle, ob sie deprimiert sei, ob sie ihren Moralischen wegen Weihnachten habe, ob sie vielleicht morgen oder überhaupt irgendwann wieder Appetit haben würde –, erhob. Sie drehte den Kopf zur Wand. Ich nahm die Geschenke wieder an mich, damit sie ihr dort nicht gestohlen würden. Ich war auf ganzer Linie gescheitert.

Mein Gott ja, es war schwierig für mich, im Laufe dieser Jahre innerlich zu akzeptieren, dass eine alte Dame das Recht dazu hat, deprimiert zu sein.

Eines Tages stand sie in Südfrankreich auf dem Balkon und beobachtete einen Schmetterling. Ich verfolgte die Szene vom Inneren des Hauses aus, wo es dunkler war. Draußen das Flügelwesen, blassblau, verbrämt mit einer Bordüre aus Weiß. Selbst ich konnte diesen Schmetterling erkennen. Doch da er so blau wie der Himmel war, würde er darin aufgehen, sobald er in die Lüfte emporflatterte. Sie hielt nach ihm Ausschau mit dem Instinkt einer Blinden. Sie hielt wirklich in einer Weise Ausschau nach ihm, wie man auf ein Wunder wartet, gespannt und erfüllt von einem verstandesmäßig nicht begründbaren Vertrauen, und er, er kehrte wahrhaftig zurück. Flatterte vor ihr umher. Aus der Art, wie er rastlos auf und ab tanzte und schwirrte und dabei kunstvoll verschlungene Linien in die Luft malte, und aus der Art, wie ihr gerecktes Kinn seine Bewegungen nachzeichnete, hätte man schließen können, dass er etwas in die Luft schrieb und sie las, was er da notierte. Von Zeit zu Zeit ließ er sich auf dem Balkongeländer nieder. Und sie beugte sich vor, um sich einen genaueren Eindruck von dem winzigen Geschöpf zu verschaffen. Ich konnte mich weder daran entsinnen, dass meine Mutter je eine besondere Liebe zu Tieren gezeigt hätte, noch daran, dass irgendein Tier sie überhaupt interessiert hätte, wenn man einmal von den Mücken nachts absieht – aber gut, das ist wohl nicht als Liebe zu werten. Ja, sie hatte sogar im Laufe der Zeit eine regelrechte Phobie gegen Insekten entwickelt, was bedeutete, dass sie jedes kleinste Blütenblättchen, das in Paris aufs Parkett fiel, für ein schwarzes Kriechtier hielt. Wir konnten ihr noch so oft sagen: »Das ist nichts weiter«, es half alles nichts; wir mussten ihr exakt beschreiben, worum es sich handelte, ein Eukalyptusblatt beispielsweise, und es ihr in der hohlen Hand bringen und unter die Nase halten, worauf sie sich verkrampfte, weil sie dem Frieden nicht traute. Eine Fliege in ihrer Wohnung brachte sie in ernsthafte Bedrängnis. Keine Spur von Faszination. Das Ganze reichte weit zurück. Für ihre Mutter hatte die Tierwelt ebenfalls nicht existiert. Damals, als ich Armenisch lernte, stand ich eines Abends auf ebenjenem Balkon in Südfrankreich, von dem ich gerade erzählt habe, und fragte meine Mutter: »Was heißt eigentlich ›Biene‹ auf Armenisch?« Sie dachte kurz nach und antwortete mir: »Dafür gibt es kein Wort.« Sie besaß doch tatsächlich die Stirn, uns weiszumachen, dass es in Armenien keine Bienen gab. Ich bohrte daher weiter: »Aber wenn deine Mutter in Frankreich eine Biene sah, was sagte sie dann?« Es war eine Fangfrage. Sie malte eine Biene in die Luft, um Aufschub zu gewinnen. Und verkündete schließlich: »Wenn Mama eine Biene sah, sagte sie ›*Nayé* (schau)… Fliege!‹«. So viel zu dem mangelhaft ausgeprägten Wissen zum Thema Tiere in ihrer Familie. Und doch stand sie nun dort, gänzlich verzückt von jenem Schmetterling. Ich trat auf den Balkon hinaus. Sie wies mich auf das Blau der Flügel hin. Von Nahem betrachtet war er wunderschön, und meine Mutter, um deren Lippen ein rätselhaft melancholischer Zug spielte, erschien mir in einem überraschend neuen Licht. Sie hatte eine Frage auf dem Herzen: »Was meinst du, wie lange lebt ein Schmetterling?«

Eine Fotografie von ihr und meinem Vater. Saint-Tropez, im Hintergrund die leuchtend rote Fassade des Café Sénéquier. Sie sind beide braun gebrannt, es war eine Zeit, zu der man sich noch nicht in Acht nahm vor der Sonne. Traut umschlungen stehen sie da, denn sie umarmten einander, sobald man sich anschickte, sie zu fotografieren. Sie erkennt sich selbst kaum wieder und will wissen, ob die hübsche Frau dort auf dem Bild nicht eher ihre Freundin Pierrette sei. Sie sieht mich lauernd an, und der Schalk blitzt ihr aus den Augen. Sie liebt es, mich glauben zu machen, dass sie nicht mehr ganz richtig im Kopf ist, das erlaubt es ihr, zu einem späteren Zeitpunkt ihre wahren geistigen Aussetzer zu überspielen. Die Töne der Fotografie sind faszinierend, so satt. Dies ist kein verblichenes Ahnenbild aus längst vergangenen Zeiten. Er, mein Vater, in beigefarbener, schlotternder Hose, ist von einem warmen Vanillegelb. Ein feingliedriger Mann, hochgewachsen, Arme und Beine endlos lang, er ist wirklich spindeldürr: Als sie sich näherkamen, war sie zunächst schockiert über seine Magerkeit. Sie, an seiner Seite, ist überglücklich, die elegante Dame zu geben. Da stehen sie. Ein Paar.

Ich bin nach ihnen geraten.

Ich habe die ihm eigene Arglosigkeit, seine Rechtschaffenheit geerbt, die mich eines Tages dazu bewog, zu einem

Mann, den ich gerade erst kennengelernt hatte – es war unser zweites Rendezvous –, zu sagen: »Ich habe Angst, dass Sie nicht integer sind.« Mein lieber Vater, unbescholten und durchtrieben zugleich. Ich habe meine Gutmütigkeit von ihm. Die Lust an sinnlichen Vergnügungen – die er empfand, wenn er sich mit seiner Frau vergnügte, falls das denn möglich war. Seine Fähigkeit, mit jedem Beliebigen ins Gespräch zu kommen: auf einem Autobahnrastplatz, im Wasser, wenn er auf die großen Bojen zuschwamm, wenn er auf einem Holzsteg saß und seine Sandalen wieder zuschnallte, in einem Autoskooter; im Bois de Boulogne, wo er in einem Anflug spontaner Sympathie auf eine Prostituierte zugegangen war, überzeugt, dass sie Gärtnerin war und aus keinem anderen als diesem Grunde in den üppig begrünten Alleen auf und ab lief, damit beauftragt, in den Städten die Blumen zu zählen. Ich bin nach ihm geraten, jawohl, ihm, der mir einst sagte: »Wie wunderschön sie damals aussah, deine Mutter, als wir uns zum ersten Mal begegneten, diese Ausstrahlung, die sie damals besaß.«

Und dann habe ich auch einiges von ihr. Diese Schwäche für Männer, die etwas hermachen. Alfred de Musset, von dem sie mir ganze Passagen zitierte. Dies »Und keiner kennt sich selbst, so er nicht gelitten hat« – ein Satz, der mich meine ganze Kindheit über begleitete. Ihr erster Liebeskummer. Ihre Jubelschreie im Schnee in La Clusaz, im Departement Haute-Savoie. Wir hatten kein Geld. Die Skipässe, die Ausrüstung, das alles kostete ein Vermögen. Aber sie hatte eine viel bessere Idee, und so jagte ich die Pisten nicht auf Skiern, sondern in riesigen Sprüngen hinunter. Wenn man dabei stürzte, tat man sich wenigstens nicht weh.

Eines Sonntags im Fernsehen Charles Aznavour. Ich schaue einige Minuten mit ihr gemeinsam, um ihr eine Freude zu machen. Er und meine Mutter sind beide Armenier, im selben Jahr geboren, ja fast auf den Monat genau gleich alt; sie waren beide von Kindesbeinen an in Paris zu Hause, verkehrten in ihrer Jugend in demselben Freundeskreis, fühlten sich beide gleichermaßen zur Dichtkunst hingezogen, hatten denselben Humor, waren von demselben Spleen besessen, dass sie Weltbürger und Franzosen waren, und erst in zweiter Linie Armenier. Die gleichen Augen. Einst war er für ihre Begriffe zu klein, nur, dass er jetzt, zum Ende des Lebens, größer ist als sie, weil er rüstiger ist, aktiver. Das kommt ihr seltsam vor, ihn auf der Bühne herumhüpfen zu sehen, während ihre eigenen Beine sie kaum noch tragen. Nachdem er sich einst die Nase hat richten lassen, so versucht sie mir klarzumachen, sei es doch ebenso gut möglich, dass er sich nun neue Hüften hat einsetzen lassen. Ich wende ein, dass sie ungerecht sei. »Warum stürzt er denn dann nie?«, kontert sie. Und mit dieser Frage spricht sie mir letztlich aus tiefster Seele.

Eines Tages gingen eine armenische Freundin und ich nach einem Aznavour-Konzert ins Künstlerzimmer, um ihm unsere Aufwartung zu machen. Man bat uns herein. Und, statt uns ihm an den Hals zu werfen, vollführten wir eine Art theatralischen Kniefall und nannten ihn »Maestro«. »Oh, ich bitte Sie, hören Sie auf mit diesem Unfug!«, bat er. Denn er hatte just an jenem Abend das Gefühl gehabt, einen schwachen Auftritt hingelegt zu haben. Er war weniger hoch gesprungen als gewöhnlich. »Ich habe Rückenschmerzen«, klagte er. Ja, um ein Haar wäre er auf der Bühne ins Stolpern geraten. Er trug ein Stützkorsett um die Hüften und hob sein Hemd, um es uns zu zeigen. Außerdem schlug er sich gerade mit einem grippalen Infekt herum. Wir hatten es mit Komplimenten zu seinem Talent allgemein versucht. Vergebene Liebesmüh. Mit fünfundachtzig war er jenseits jeder falschen Bescheidenheit. Seine Fähigkeit, die Liebe mit schönen Worten zu besingen, war ungebrochen, so weit, so gut. Das wusste er. Dessen war er sich sicher. Weniger sicher war er sich seines Rückens, und er konnte sich auf nichts anderes konzentrieren als auf jene quälenden Schmerzen im Lendenbereich. Tags darauf eilte ich zu meiner Mutter, um ihr die Entdeckung kundzutun, dass sich bei ihm definitiv alles genauso verhielt wie bei ihr, dass er ihr in allem, wirklich in allem ähnlich war, mit den Schmerzen im unteren Rückenbereich, dem orientalischen Schamgefühl, der Würde, den samtweichen Händen, unserer Seele. Und dass er trotz Korsett ebenfalls seine liebe Not hatte, nicht ins Straucheln zu kommen.

Jedoch all meine Worte waren vergebens, sie konnte sich immer weniger mit jenem Mann identifizieren, der zu einer so bedeutenden Figur geworden war. Schmerzen hin oder her, Korsett hin oder her, er wäre unsterblich.

Ach Gott, ich mache sie instinktiv aus. Sie sind alle vom selben Schlag: ihre Altersgenossen. Die Generation meiner Mutter verzeichnete in ihren Reihen noch Persönlichkeiten von unbestreitbarer Eleganz. Doch ihre Grandezza wird bald Geschichte sein. In einer Pariser Brasserie sitzt er eines Abends unmittelbar neben mir, während ich mich mit einem Freund unterhalte. Der Freund, der ihn von seinem Platz aus besser sehen kann, beugt sich zu mir herüber und flüstert mir ins Ohr, dass der Herr zu meiner Linken steinalt sei und von atemberaubender Noblesse. »Meine Güte, du machst dir gar keinen Begriff«, fügt er hinzu, »das hat geradezu etwas Magisches …« Ich weiß das schon, denn ich kann es nur wiederholen: Ich erkenne sie an ihrer Aura. Ich blicke mich nach ihm um. Er ist im Gespräch mit einem jungen Mädchen. Trägt seinen guten, beigefarbenen Anzug. Extrem hager. Himmelblaues Hemd. Krawatte in Ecru. Geblümtes Einstecktuch. Lange, sorgfältig manikürte Fingernägel. Sein Gesicht ist vom Alter zerfurcht, doch sein Profil ist das eines Dirigenten und macht ihn über uns erhaben. Ich höre seine Stimme. Er hat einen Akzent, libanesisch vielleicht? Ich spreche ihn darauf an. Und er lässt mich raten: Er ist Syrier christlichen Glaubens. Ist mit seiner Enkelin unterwegs. Er ist offenkundig im Alter meiner Mutter. Sein Name ist Philippe. Er siezt seine Enkelin. Sie nennt ihn »Großvater«. Was für ein bezauberndes Geschöpf. Sie studiert Architektur und hat ein Zimmer bei den Ursulinen. Ich lasse eine scherzhafte Bemerkung zu diesem Thema fallen. Er will von mir wissen, ob ich Damaskus kenne. Er rollt das r. Er hat Kriege miterlebt, hat Besiegte und Sieger gesehen, Emire, Sultane, Monarchen, Päpste, Obristen, Despoten, Hüter der Nation. Er hat General de Gaulle miterlebt und das Ende einer ganzen Kulturepoche. Er ist gespannt auf die neue, hofft, dass ihm noch Zeit bleibt, deren Wert schätzen zu lernen, ist überzeugt, dass im Menschen ein edler Kern schlummert, an den man glauben muss. Er läuft ohne Stock, wie er mir erzählt. Er rechnet sich aus, dass er noch gut zwanzig Jahre leben könnte. »Wenn man es recht bedenkt, so ist das mehr, als es braucht, um zu spielen, zu lernen und sich aus den Banden hinieden zu lösen.« Er legt seine Hand im Laufe des Gesprächs auf die meine, zum Zeichen, dass er meine Meinung teilt – und das tut er, denn ich lasse keinen Zweifel an der Gültigkeit meiner Worte, zeige mich von meiner verwegensten Seite und lasse meine weiblichen Reize spielen. Mein Gott, wie ich den Umgang mit Männern genieße. Er verkörpert für mich ein jahrhundertealtes männliches Selbstvertrauen, das es erlaubt, Frauen durch die Sicherheit der Gesten zu erobern.

Mein Freund und ich sind sprachlos angesichts einer solchen Vitalität. Ihn kann nichts anfechten. Selbst wenn man bewusst darüber nachdenkt, kann man sich nicht vorstellen, wie seine Kräfte schwinden sollten. Die Lebensflamme lodert noch so hell. Wir blicken ihm nach, wie er aufsteht und auf den Ausgang zusteuert. Seine Enkelin formt, ohne ihn zu berühren, mit den Armen einen Ring um ihn, um ihn vor jedweder Gefahr zu schützen. Und meinem Freund

und mir drängt sich spontan derselbe Gedanke auf: Sie ist der unsichtbare Stock, auf den er meint, verzichten zu können.

Zum Ende des Winters: wahre Schneisen aus Blau am Himmel. Ich bleibe auf der Straße stehen, um mein Gesicht in die Sonne zu recken. Schließe die Augen. Die Wärme dringt durch die geschlossenen Lider hindurch. Das ist Balsam für sie, lässt das, was ich gesehen habe, verblassen. Mein Gehirn ist ein Brunnen, der sich mit frischer Hoffnung füllt, und helle, reine Luft strömt direkt vom Himmel herab dort hinein. Dann erneut Wolken. Das Grau kehrt zurück. Ist aber nicht weiter schlimm. Gleich wo ich bin, werde ich das Licht einsaugen. Meine Freunde brechen einer nach dem anderen in die Ferien auf. Sie schicken Fotos, die mir meine eigene Erschöpfung bewusst machen. Eine Freundin weilt in Istanbul, zwei weitere sind auf Mauritius, wieder eine andere ist mit ihren Töchtern in Venedig, am Morgen hat mich jemand aus Rio de Janeiro angerufen, damit ich ihm sage, welche Farbe mir für Sandalen gefallen würde. Die Leute brechen auf und kehren wieder zurück, das ist mehr als normal. Nur ich bleibe gerade, wo ich bin. Ich gäbe viel, aber trotz allem nicht das Leben meiner Mutter dafür, am Strand von Sperlonga, nicht allzu weit von Rom, zu sein, wo jetzt schon Frühling ist. Dort unten verkünden die Vögel mit aufgeregtem Flügelschlag, dass uns sechs herrliche Monate bevorstehen. Morgens lag der Strand glitzernd vor uns, und wenn wir abends ins Dorf zurückkehrten, war er eine samtig-raue Weite, die wir, die Flip-Flops in der Hand, mit großen Schritten durchmaßen. Auf Formentera saßen wir morgens im Café und lasen Zeitung. Es gibt ein Alter, in dem man wegfahren kann. Und in dem eine Woche Wegsein nicht mehr zählt als ein Tag. In dem man im Brustton der Überzeugung verkündet, dass es sich gar nicht lohne, für eine Woche zu verreisen. In dem man unbekümmert mit Brückentagen und staatlichen Feiertagen jongliert. In dem jeder freie Tag eine Fülle von Möglichkeiten birgt. In dem man den Kopf über Wasser hat. Ich bin hingegen auf Tauchstation und schwimme in der Tiefe umher, ein Stück Schilfrohr im Mund, um meine Sauerstoffzufuhr zu sichern. Stumme Gestalten, die sich wie in Zeitlupe auf dem Grunde dieses Ozeans bewegen: die Alten. Ich möchte nicht den Eindruck erwecken, dass ich mich darüber beklage. Indem ich meine eigenen Bedürfnisse hintanstellte, habe ich in der letzten Zeit mehr gelernt als zu anderen Zeiten, zu denen ich tun und lassen konnte, was ich wollte, und in denen ich beständig das Falsche tat. Und unter Wasser, ganz unten auf dem Grund, bin ich auf Schätze gestoßen, für die Abenteuersuchende ein Vermögen hinblättern würden. Gar nicht einmal, um sie für sich zu behalten, sondern einzig und allein, um dabei zu sein, wenn sie entdeckt werden. Um an dem aufregenden Unterfangen beteiligt zu sein.

Und doch fürchte ich mich. Ich habe Angst vor dem Tag, an dem ich wieder so viel auf Reisen gehen kann, wie ich will, das heißt, dem Tag, an dem ich den Strand wiedersehen werde – nicht weil er sich verändert haben wird, sondern weil mein eigener Schatten auf dem Sand gegen neunzehn Uhr seinen einstigen Zauber eingebüßt haben wird.

Der Park, in den sie mit mir fuhr, als ich klein war, am Rande des Bois de Boulogne. »Den Ring« nannten wir diesen Teil. Weil ein riesiger Sandkasten eine Art goldenes Siegel in seiner Mitte formte, ja beinahe schon einen kleinen See, und die rosa schimmernden Bäume einen Kreis darum bildeten. Die Reifen meines Fahrrads gruben sich tief in den Sand. Jetzt schiebe ich ihren Rollstuhl dort entlang. Sie zeigt mir die Bank, auf der sie einst die Bekanntschaft ihrer Freundin Bouboute gemacht hatte. Bouboute hatte auf meinen Bruder gedeutet und ihrem Sohn zugeraunt: »Komm, geh mit diesem bildhübschen Jungen dort spielen.« Und meine Mutter hatte es gehört. Sie wusste, dass sie mit dem blendenden Aussehen meines Bruders etwas in der Hand hatte, womit sie die ganze Welt verführen konnte. Fünfzehn Jahre lang kehrten die beiden Freundinnen immer wieder treu zu dieser Bank zurück. Jetzt möchte sie sich erneut in die pralle Sonne setzen. Doch zwei Minuten darauf äußert sie den Wunsch, in den Schatten zu wechseln.

Die Bäume mit dem sahnig weißen Flor sind immer noch da, an den Zweigen wie auf dem Boden ein einziges Blütenmeer, und ich suche meiner Mutter ein schönes Plätzchen in diesem Zuckerbäckeridyll. Dort fühlt sie sich wohl. Sie beobachtet die paar wenigen spielenden Kinder. Es ist ein ganz normaler Wochentag. Drei ältere Herrschaften genießen die Sonnenstrahlen. Ein vierzigjähriger Mann hat es sich mit hochgekrempelten Ärmeln und aufgeknöpftem Kragen bequem gemacht, sein Jackett neben sich auf der Bank, und isst ein Sandwich. Meine Mutter findet es wunderbar. Sie genießt neuerdings das Privileg, einfach ruhig dabeizusitzen und das Treiben auf der Welt zu beobachten. Hauptsache, sie ist nicht länger einsam und allein in ihrer Wohnung eingesperrt. Sie fürchtet, dass ich mich langweile, wenn ich so neben ihr sitze. Und das ist auch bis zu einem gewissen Grad der Fall. Sie sagt zu mir: »Weißt du was, geh doch was Süßes besorgen am Kiosk, und kehr dann wieder hierher zurück.« Ich bemerke lachend, dass ich doch kein kleines Mädchen mehr sei und dass ich überhaupt keine Süßigkeiten mehr esse. Sie erwidert: »Sie sind ja auch nicht für dich, sondern für mich, die Bonbons!« Und fügt hinzu: »Da, nimm mein Portemonnaie.« Keine von uns erwähnt die Tatsache, dass ich ihr Leben mit meinem Geld finanziere. Ich laufe zum Kiosk, besorge weiche Pastillen für sie und für mich ein Tütchen naturbelassene Mandeln. Natürlich komme ich zurück, und sie will die Mandeln probieren. Ich erkläre, dass sie zu hart für sie seien und sie es nicht schaffen werde, sie zu zerkauen. »Lass mal sehen«, entgegnet sie. Sie nimmt eine Mandel, dreht und wendet sie, mustert sie eingehend und wirft sie sich, schwups, in den Mund, hochentzückt. Doch sie merkt ziemlich rasch, dass ich recht hatte. Ich reiche ihr ein Kleenex, und sie spuckt die Mandel, noch ganz, wieder aus. »Wir bringst du das nur fertig, das Zeug zu essen?«, fragt sie mich. Ich antworte, dass ich einfach kräftig zubeiße. »Ja richtig, kraftvoll zubeißen …« Da hätten wir noch so eine dieser für die Jugend harmlosen Übungen, die sie nicht mehr meistern wird. Sie blickt mir absolut gerade in die Augen, wie bei all ihren offiziellen Erklärungen, während sie hinzufügt: »Kraftvoll zubeißen und das Leben in vollen Zügen genießen.«

Wenn ich krank bin, isst sie nicht mehr. Ich fahre bei ihr vorbei, um ihr ins Gewissen zu reden. »Meine Tochter!«, säuselt sie aus den Tiefen ihrer Kissen, sobald sie nur meinen Schlüssel im Schloss vernimmt. Sie bemüht sich um einen optimistischen Ton, denn es könnte ja sein, dass dies auf wundersame Weise meine Genesung herbeizuführen vermag. Ich warne sie gleich vor, dass ich nicht lange bleiben kann und dass ich ansteckend bin. Sie ihrerseits hält mir vor, dass ich schlecht aussehe, und dass ich als Grund dafür erneut meine Wahnsinnserkältung anführe, gefällt ihr ganz und gar nicht. Sie mustert mich eingehender, registriert meine Augenringe, mein schlecht frisiertes Haar, den Gewichtsverlust, der damit immer gleich einhergeht, und ich spüre, wie wehrlos sie sich fühlt, denn ich bin das Schwert, mit dem sie die Attacken des Schicksals pariert. Ich bin die personifizierte Stärke, und es geht nicht an, dass ich zur Schwäche selbst werde. Mit welchem Recht bin ich krank, ich, die Inkarnation der Jugend? Ihr dürres Köpfchen taucht aus den Decken auf, doch sie wagt es nicht, den Gedanken laut auszusprechen, der ihr auf der Zunge liegt. Ich weiß, sie meint, es sei ihre Schuld, dass ich erschöpft bin, es liege an ihrer Existenz. Ich weiß es deshalb, weil sie sagt: »Aber was kann ich denn dafür?« Ich beschwichtige sie. Sie erkundigt sich, ob ich in Sachen Liebe glücklich sei. Ob ich mich denn um die Männer bemühe. Als sei dies der rechte Augenblick! Und während ich dasitze mit Halsschmerzen, mörderischer Migräne, einem Nacken, so steif und hart wie ein Stalaktit, und mir kalte Schauer über den Rücken jagen, ergeht sie sich in ausschweifenden Betrachtungen zum Thema Männer. Habe ich auch wirklich verstanden, dass die Männer …? Ihre wortreichen Ausführungen kreisen um diese merkwürdige Frage, die reiner Selbstzweck ist. Ich glaube, in Wahrheit ist es einfach so, dass sie meine Einsamkeit spürt. Sie weiß, dass ich mich schier verrenke, um ihr zu Diensten zu stehen. Und dann gibt es da momentan auch noch ihre ältere Schwester, die im Krankenhaus liegt und außer uns keine weiteren Angehörigen mehr hat. Ich pendle zwischen den beiden hin und her. Ich habe meine Arbeit, meine alten Damen, meine Freundinnen, für die ich da sein muss, denn es wäre absurd zu glauben, ich könnte ihnen mein Herz ausschütten, ohne eine Gegenleistung dafür zu erbringen. Und nun werde ich zu allem Überfluss auch noch krank.

Ich muss wieder gesund werden. Und zwar schnell. Denn die Sache ist nicht zu unterschätzen – wenn ich nicht gesund werde, wenn sie durchschaut, dass ich mich einfach nur am Riemen reiße, da mache ich mir keine Illusionen, wird sie Bilanz ziehen und ihre mageren Kräfte zusammenraffen, um ohne den leisesten Hauch eines Zögerns, aus reiner Liebe, statt meiner zu sterben.

Mein Job. Die Modenschauen, von morgens bis abends, zwölf Tage hintereinander, auch am Samstag und Sonntag. Es ist nicht die Zeit, die das in Anspruch nimmt, sondern die Tatsache, dass man ganz darein eintauchen muss, nur noch daran denken, von nichts anderem mehr sprechen darf, zu der Überzeugung gelangen, dass es nichts Großartigeres gibt auf Erden, denn andernfalls erscheint einem das, was man sieht, hohl und sinnlos. Ich warne meine Mutter vor: Ich werde nicht groß bei ihr vorbeischauen können. Sie ist gerade in einer Rehaklinik. Am ersten Morgen verlasse ich das Haus, aufwendig zurechtgemacht, um in jener Welt der Mode, in der ich tätig bin, akzeptiert zu werden. Mit meiner Hose, die beinah schon abendfein ist, meinen Absätzen und zwei gewaltigen Colliers bin ich für alles gewappnet, auf dem Kopf trage ich eine Art Melone. Doch sobald es geht, lasse ich meine Kollegen alleine. Ich rase Hals über Kopf in die Rehaklinik. Schon im Foyer fällt meine Aufmachung aus dem Rahmen, und oben auf der Station ist sie dann schlicht deplatziert. Mein Fehlgriff besteht darin, dass meine Kleidung alles andere als zweckmäßig ist. Nicht, dass ich irgendwelche Arbeiten verrichten müsste, aber bei einem Besuch hier gilt es stets, gewisse Formen zu beachten, eine respektvolle, würdige Haltung zu wahren. Eh man das Zimmer betritt, muss man sich die Hände desinfizieren und sich einen weißen Kittel überziehen. Dreifache Überraschung meiner Mutter: zunächst, dass ich überhaupt gekommen bin trotz meines eigentlichen Lebens. Dann der absurd wirkende Kittel. Und schließlich meine Garderobe darunter. Sie registriert, dass sie schwarz ist, auf groteske Weise stylish. Wagt aber nicht, auch nur die geringste Bemerkung darüber zu verlieren, denn es ist ja so nett, dass ich mich überhaupt herbemüht habe. Sie erkundigt sich bei mir nach den neuesten Trends, will wissen, ob ich schöne Kreationen gesehen habe. Ich beschreibe die Kleider. Sie will sie haben. Es würde ihr alles stehen. Sehr bald schon beschwört sie mich jedoch, wieder aufzubrechen, da an anderer Stelle eine faszinierende Seite der Stadt auf mich warte. »Los, fahr schnell wieder zurück«, sagt sie. Ich verlasse ihr Zimmer und laufe einem Krankenpfleger in die Arme. Er macht einen Scherz über die Art, wie ich meine Bluse geschnürt habe: »Sie tragen ihn verkehrt herum, Ihren Jean-Paul Gaultier.« Jawohl, er macht sich über mich lustig. Und jawohl, ich bin lächerlich in meinen Klamotten, die die Modebranche an jenem Morgen kaum wahrgenommen hat.

Am nächsten Tag gebe ich mir bewusst Mühe, mich schlichter zu kleiden. Verhüllt von einem dicken Strickteil wirke ich zehn Jahre älter, aber ich bin von einer wohligen Schutzschicht umgeben, und ich bin so müde. Die Modenschauen, die Klinik, die Modenschauen. Abends eine gesellschaftliche Verpflichtung im Zusammenhang mit meiner Arbeit. Dort tummeln sich zweihundert Grazien, die mit nackten Beinen der Eiseskälte trotzen. Die Männer, fast alle schwul, sehr auf ihre eigene Wirkung bedacht, aus ebendiesem Grunde aber auch bezaubernd, alle mit dem passenden Seidentuch, akkurat gestutztem Nackenhaar, absolut proper und adrett. Ich hoffe, dass mich keiner bemerkt, abgesehen davon, dass mich natürlich jeder grüßt. Doch zum Schluss tritt ein befreundeter Kollege auf mich zu und sagt: »Man redet über dich, genauer darüber, dass du heute Abend ein bisschen altbacken wirkst.«

Ich sehe wahrlich keine Lösung.

Ich hatte beruflich in London zu tun. Hatte sie morgens und abends am Telefon. Sie wollte wissen, warum ich mich nicht eben ins Auto setzen und auf einen Sprung zu ihr hochkommen könne, jetzt und sofort. »Mit deinen langen Beinen«, sagte sie. Ich erinnerte sie daran, dass dies nicht ging, dass es nicht möglich war, dass ich hier drüben auf einer Insel in einem anderen Land saß, in einer anderen Stadt. »Ach ja, stimmt …«, fiel es ihr wieder ein. Und sie fügte hinzu: »Entschuldige bitte …« Das war nicht etwa ein Zeichen besonderer Empfindsamkeit, oh nein, es war vielmehr Ausdruck ihres Unbehagens darüber, dass sie die wahren Umstände vergessen hatte. Ich versprach, ihr einige Schachteln After Eight mitzubringen, einen Pullover von Marks and Spencer, in den typischen Pastelltönen der englischen Bonbons. Doch leider kollidierte das, was so lange funktioniert hatte, nämlich das Versprechen, Wiedergutmachungsgeschenke mitzubringen, mit ihrer zunehmenden Labilität, mit der Vorstellung, dass meine Gegenwart das schönste aller Geschenke war.

So saß ich also vor Beginn einer Modenschau in London fernab der anderen im Düstern. Man hatte diesen Ort, der normalerweise als Lagerhalle diente, umgestaltet zur Märchenkulisse für eine Schau. Alle planvoll inszenierten Vergnügen haben etwas Pathetisches. In einem benachbarten

Raum war eine improvisierte Bar aufgebaut worden, und ich nahm die schemenhaften Umrisse sowie das gedämpfte Stimmengewirr eines ganz eigenen Völkchens dort drüben wahr. Außer mir hatten bereits mehrere andere ihre Sitzplätze eingenommen. Die Stimme der Callas erfüllte die Dunkelheit. Eine junge Asiatin sichtete akribisch ihre Mails. Ein Mann, der die Nacht zuvor zu lang gefeiert hatte, lag der Länge nach auf eine Bank hingestreckt. Ein Engländer in makellos sitzendem Anzug, ein Glas Champagner in der Hand, hielt die Augen geschlossen. Die Melancholie der Callas. Der Modedesigner Alexander McQueen hatte sich kurz zuvor das Leben genommen, einen Tag vor der Beisetzung seiner Mutter. Eine der Wände war übersät von handschriftlichen Notizen. Es waren Abschiedsgrüße, die die Leute aus der Modebranche dort hingepinnt hatten. Sätze wie »Ich hoffe, du bist jetzt glücklicher«, »Du wirst uns fehlen, deine Kleider allein sind nicht genug«, »Ich habe dich unbekannterweise geliebt« und ein über alles erhabenes »Ich wusste von nichts«, das ich soeben fotografiert hatte und das ich von meinem Sitzplatz aus vage an der Wand orten konnte.

Im Foyer hatte mich ein Gefühl der Trostlosigkeit überwältigt. Ein über Jahre aufgestautes Gefühl der Mühsal, die es kostete, dies alles auszuhalten. Und dann eine Gewissheit, die mir schier den Atem zu verschlagen drohte: Ich würde das verlieren, was ich liebte. Diese sichere Erkenntnis war schuld daran, dass ich meine Einladung losließ, die davonsegelte und etliche Meter vor mir liegen blieb. Ich konnte nachvollziehen, warum der Designer sich umgebracht hatte. Man ersinnt wieder und wieder etwas Neues, verzeiht, schöpft frische Kräfte, sprengt Grenzen, wirft Ballast ab, redet Dinge schön, leistet Herausragendes, man kämpft, steckt ein, und eines Tages kann man nicht mehr. Ich verspürte plötzlich das Bedürfnis, dass sich ein Leib ganz eng an den meinen schmiegt, schnell und vor allem, ohne dass derjenige mich kennt. Meine Lebensgeister schwanden gerade endgültig dahin. Sie schwanden noch vor denen meiner Mutter für immer dahin.

Der Engländer schlug die Augen auf. Sie waren von einem blassen Blau und blickten fragend, verschleiert und wie von einer weichen Haut überzogen.

Um zu begehren, muss man begriffen haben, wie wenig wir mit unserem Körper in der Hand haben. Und es wagen, sich in aller Demut seinen Unzulänglichkeiten zu stellen. Der Rest ergibt sich dann ganz von allein. Wie konnte ich so lange solche grundlegenden Wahrheiten missachten? Ich war diejenige, die Angst vor ihrer eigenen Fleischlichkeit hatte und sich in die Schenkel kniff, um sich zu beweisen, dass sie zu Recht am Boden zerstört war. Diejenige, die es nicht ertrug, auch nur den kleinsten Pickel zu haben, aus Angst, dadurch irgendeine Chance zu verpassen. Diejenige, die eines Tages in Schluchzen ausbrach, weil man ihr sagte, sie sei eine schöne Frau. Ich, ja ich wollte einfach nur ein hübsches Mädchen sein, gesegnet mit jugendlicher Makellosigkeit.

Ich würde meinen Irrtum am liebsten laut herausschreien. Ich warne die jungen Mädchen, sofern denn die Erfahrung der einen je schon den anderen genutzt haben sollte: Was man vor unseren Augen inszeniert, ist nicht die wahre Lust. Irgendwelche beliebig herausgepickten pornographischen Szenen sind nicht gleichzusetzen mit echter Lust. Die Lust ist nicht schöner als die Pornographie, die durchaus ihre Reize hat. Nein, die Lust ist in Wirklichkeit mit einer höheren körperlichen Reifestufe verbunden.

Sie stellt sich ein, wenn unser äußeres Erscheinungsbild

allmählich Kratzer bekommt. Dann ist es, als habe sich ein Pfropfen gelöst, und in unserem Innern bricht sich angesichts dieser Realität eine sanft strömende, lechzende, ursprüngliche Energie Bahn, ein Schwall unhörbarer Worte. Es öffnet sich etwas. Endlich öffnet es sich, es ist verrückt. Man wird sagen: »Man muss sich trauen und unbekanntes Terrain erkunden.« Man wird Gott weiß was sagen. Ich kann jedoch nichts Unbekanntes entdecken an dem, was sich mir da auftut. Im Gegenteil, ich erkenne zum ersten Mal, dass an diesem Punkt mein eigentliches Leben seinen Ausgang nimmt. Und das undurchschaubare Dunkel, das war davor, das bloße Leben, um zu überleben, das ziellose Umherirren; die Ausflüchte, die ich mir zurechtlegte, die Theorien, die ich daraus herleitete, die Tugenden, die ich mir erfand, die klugen Ermahnungen, die ich mir selbst erteilte, die triviale Realitätsferne meiner Sichtweise. Das war die Zeit, in der ich wirklich verloren war. Hätte man mir vor einigen Jahren prophezeit, dass die Hilflosigkeit und Abhängigkeit meiner Mutter meine eigene Überlebensfähigkeit stärken würde, hätte ich dies empört zurückgewiesen. Es widerstrebt einem zutiefst, dies so unmittelbar in Zusammenhang zu bringen. Und doch muss ich heute sagen: Nun, ich persönlich habe auf dieser Welt, auf der das Privatleben bis in den letzten Winkel zur Schau gestellt wird, das gesehen, was man gemeinhin nicht zeigt. Und in dieser schwierigen Phase habe ich mein inneres Heil gefunden.

Ich habe Flügel, die ausgebreitet werden wollen. Sie sind riesig, denn ich fördere sie schon so lange in ihrem Wachstum. Ich kann nicht länger leugnen, dass es ausgeprägte mütterliche Impulse in mir gibt, Impulse, die ich sublimiert und in künstlerische Leistungen umgewandelt habe, in dem Glauben, auf diese Weise umfassender zu lieben. In höhere Dimensionen vorzustoßen. Teilweise war ich damit erfolgreich. Meine Arbeit, das Schreiben. Mit meiner Feder mein Brot zu verdienen, war das nicht schon ein erster Ansatz, die Flügel auszubreiten? Wie dem auch sei, ich nehme in letzter Zeit meine eigene Weiblichkeit konkreter und auch bewusster wahr. Ich stelle beispielsweise zum einen fest, dass ich meinen Humor von meinen witzigen Eltern geerbt habe, klar, und erkenne, auch klar, inwiefern er mir immer wieder erlaubt, über mich selbst hinauszuwachsen, aber ich erkenne auch, dass sich dahinter, hinter meinen vielleicht sinnlichen Vorstellungen, verbirgt, dass ich Mutter hätte sein können. Ich habe den biologischen Plan vereitelt. Dabei hätte ich es doch verstanden, ein Kind zum Lachen zu bringen. Und wenn ich noch näher hinsehe, erkenne ich, welchen Wert die erhebenden Erfahrungen der Mutterschaft besitzen – ich, der sie nie gefehlt haben, ich, die ich jetzt zu alt dafür bin. Tatsache ist, dass ich einen Trost in der Hand habe. Fürsorglich sein. Mir erscheint das, was mit dem Kindsein zusammenhängt, nun in einem positiveren Licht als zuvor. Ich meinte das Spiel zu verabscheuen. Ich liebe es. Den Speichel, die sinnlichen Freuden. Und ich frage mich, wohin mich meine Begeisterung noch führen wird, wenn meine Mutter einmal nicht mehr da ist.

Sie hat uns zu etwas Höherem als der reinen Körperlichkeit erzogen. Das ist so. Gegenwärtig vertraut sie mir ihren eigenen Körper an. Auch das ist Fakt. Selbst mein Bruder, über alles erhabenes Idol meiner Kindheit, der mythisch überhöhte Ältere, dem die ganze Welt ihr Begehren zu Füßen legte, räumt ein, dass er wie ich den anderen entfremdet worden ist. Wir waren zu abgehoben erzogen. Wir haben sie so verehrt. Wie werden wir nur zurechtkommen? Er, der die Kräfte seiner Mutter dahinschwinden sieht und der genau wie ich leidet. Er klagt bereits über Schmerzen im Rücken. Ist bereits voller Angst, nachdem er entsetzt festgestellt hat, dass er bis fünfundsechzig wird arbeiten müssen. Ist völlig verloren, wenn sich das Leben einmal nicht von seiner sonnigen Seite zeigt. Ist bei der geringsten Unannehmlichkeit wie gelähmt. Er sehnt 2012 herbei, weil er mit Erleichterung gelesen hat, dass in dem Jahr die Welt untergeht. Er wird von Albträumen geplagt, die so schlimm sind, dass er sie nicht zu erzählen wagt. Er vergeht förmlich vor Hemmungen. Bei unseren gemeinsamen Krankenhausbesuchen schiebt er mich vor, mit der Begründung, dass ich mich besser ausdrücken könne, und bleibt stumm hinter mir stehen, peinlich berührt, dass wir der Wissenschaft nichts als alte Damen zu bieten haben. Dabei trägt er ein Lächeln auf den Lippen, ohne sich eine Vorstellung davon zu machen, dass er ebenfalls jenes göttliche Lächeln besitzt. Er begreift gar nicht, was für ein Prachtkerl er immer noch ist. Denn wichtiger als seine Eroberungen ist ihm seine Mutter und die Liebe, die es sich nicht ziemt beim Namen zu nennen.

In letzter Zeit versucht sie, uns von unserem Gefühl der Verpflichtung zu entbinden. Mir legt sie dringend ans Herz, den Kontakt mit Männern zu suchen: »Das wird dir guttun.« Der Satz, der einem die ganze Welt erschließt.

Der Tag, an dem ich Hals über Kopf aus einem Meeting hinausstürze. Anruf meiner Mutter, sie ist gerade im Begriff, zu Boden zu rutschen. Sie sagt: »Ich halte mich noch, ich habe den Ärmel meines Pullovers in der Seitenlehne meines Sessels eingeklemmt, aber komm, komm schnell…« Irgendjemand warnt mich: »Erkennst du nicht, dass das Erpressung ist?« Es gibt solche Ignoranten. Das ist keine Erpressung, das ist das Alter. Wie eine Besessene rase ich durch den Bois de Boulogne und überfahre dabei rote Ampeln, als sei ich höchstselbst ein Rettungswagen, der das Schicksal meiner Mutter an Bord hat. Die Risiken, die ich dabei eingehe, die Konzentration, die es erfordert, so schnell zu fahren und sich zwischen den anderen Autos durchzuschlängeln, hindern mich nicht daran, rebellische Gedanken zu wälzen. Ein Gefühl der Ungerechtigkeit ergreift umso stärker von mir Besitz, je schneller ich fahre und mich mit meinem Verkehrsverhalten an den Rand des Gesetzes katapultiere. Warum ich? Wie machen das bloß die anderen?

Ich parke direkt vor ihrer Tür und stürme so hektisch hinauf, dass ich den Schlüssel nur zitternd in die Türe bringe. So hektisch, dass ich es nicht schaffe, die Wohnungstür meiner Mutter zu öffnen. »Bist du es?«, höre ich von der anderen Seite. Mit so schwacher Stimme, dass ich ganz weiche Knie bekomme. Aber vielleicht liegt das auch daran, dass ich so gerannt bin. Endlich trete ich über die Schwelle, ich habe es geschafft. Sie liegt fast schon am Boden, halb erdrosselt von ihrem Pullover. Ich schließe sie in die Arme, und sie lässt sich vertrauensvoll hineinsinken. Ich versichere ihr hoch und heilig, dass sie nicht schwer sei. Trage sie zu ihrem Bett. Ich mache mir den Rücken kaputt. Sie ist halb ohnmächtig. »Ich dachte, ich würde alles verlieren, was ich habe«, erklärt sie mir. Als sie im Bett liegt, hat sie Schmerzen im Nacken, in der Schulter, auf der Seite, auf der sie sich mit dem Arm festgehalten hat. Ihr ist schlecht. Ich bringe ihr ein Glas Sprudel. Sie trinkt in so winzigen Schlucken, dass ich zutiefst erschüttert bin. »Danke«, sagt sie, »vielen Dank …« Ich bleibe bei ihr sitzen, so lange es nötig ist, oder, um die Wahrheit zu sagen, bis sie nach einem Gläschen Portwein und Salzgebäck verlangt. Die Nachmittagsbetreuung erscheint. Wir erzählen, was passiert ist. Meine Mutter sagt: »Meine Tochter ist hergekommen.« Ich lasse sie allein.

Es ist zu spät, um in die Redaktion zurückzufahren. Ich habe die Vision, mich ins Auto zu setzen und mich meiner Mutlosigkeit zu überlassen. Ich fühle mich allein. Ich habe gegeben, was ich gern selbst empfangen hätte. Ich bin diejenige, von der immerzu alles ausgeht, nichts wird jemals zu mir zurückkommen. Doch die untergehende Sonne schickt ihren lang gezogenen Schein über die Straße, in der ich geparkt habe. Goldene Strahlen ergießen sich über mich. Und dann meine Verblüffung im Auto, als ich feststelle, dass mein Lenkrad, die Sitze, die Windschutzscheibe, alles um mich herum in das gleiche Gelb getaucht ist wie der Sitz einer Göttin. Ich schließe die Augen. Eine merkwürdige Zufriedenheit sorgt dafür, dass sich meine Gesichtszüge entspannen. Sie lebt.

Freunde machen mir den Vorschlag, für eine Woche nach Indien zu fliegen. Ich nehme das Angebot an. Drei Monate vor meiner Abreise beginne ich, meine Mutter gedanklich darauf vorzubereiten. Ich erkläre ihr vorsorglich, dass Indien in unserem modernen Zeitalter ganz nahe ist. Ja, das Indien, das ich beschreibe, liegt dichter vor unserer Tür als die Strände der Normandie. Ich mache daraus zudem ein Land, dessen Besuch meiner Mutter zuliebe auf dem Programm steht, in dem es an jeder Ecke charmanten Kleinkram zu kaufen gibt, ein Reiseziel, das nur ein Dummer verschmähen würde. Dies Land ist das Land der Blumen mit vier runden Blütenblättern, die sich auf den bedruckten Stoffen wiederfinden. Das Land der unvorstellbaren Gelbtöne, auch darüber ließen sich ganze Bände füllen. Ebenso wie über die Bouretteseiden, die langen Hemden aus feiner Baumwolle, die orangefarbenen Halsketten. Drei Monate lang mache ich mich auf die große Katastrophe gefasst. Darauf, dass sie mir sagt: »Nimm es mir nicht übel, aber ich würde mich sicherer fühlen, wenn du hierbliebest.« Doch sie verkündet entschlossen: »Du tust völlig recht daran zu verreisen!« Oder: »Wann fliegst du gleich noch mal? Das ist phantastisch, dass du Urlaub machst.« Sodass ich mich frage, ob ihr eigentlich klar ist, dass ich dann nicht mehr da sein werde. Spreche ich noch mit derselben Frau, die, Jahre zuvor, befand, dass ich mich mit meinem Umzug vom 16. Arrondissement – ihrem Viertel – nach Saint-Germain-des-Prés, das doch immerhin nur zehn Minuten von ihr entfernt lag, bereits ins Exil begeben würde?

Als meine Abreise näherrückt, reicht sie mir ein vollgekritzeltes Blatt: Darauf findet sich eine Liste mit Dingen, die ich ihr zusätzlich zu denen, die ich bereits angeboten habe zu besorgen, von unterwegs mitbringen soll. Dort steht, dass ich hier zu Hause die Maße von ihrer Daunendecke nehmen und in Indien unten neue Bezüge aus folgenden Materialien anfertigen lassen soll: »Ripsseide, Bouretteseide, Schantungseide, Baumwollpikee, Bombasin (du weißt schon, dieser fein geriffelte, damastartige Stoff) und Chintz.« Selbstverständlich ist dort außerdem vermerkt, dass ich mich bei der Wahl der Farben vor allem an die Gelbtöne halten solle, insbesondere an Dotterblumen-, Vanille- und Strohgelb. Gefolgt von der Liste der Farben, die außer Gelb noch in Frage kommen: Blassgrün, Hellorange, Apricot, Absinthgrün, Pastellblau, Vergissmeinnichtblau, Türkis, Zinnoberrot, Graugrün, Opalgrün und Lindgrün. Im Postskriptum zudem der explizite Hinweis: »Wenn du irgendwelche Dinge für dich findest, kauf sie gleich doppelt.«

Als ich zu ihr aufblicke, ertappe ich sie bei einem Lächeln, das in dem Augenblick schelmisch und zugleich von blindem Vertrauen erfüllt ist. Meine Mutter wird vielleicht entschwinden. Und ihre Bitten werden in die Ewigkeit mit eingehen.

Sie ist beunruhigt: »Wo ist deine Gereiztheit geblieben?« Und wir lachen schallend los. Ich war genervt von der Welt, und schuld war sie. Ich hielt mich in puncto Männer zurück, und schuld war sie. Die Macht, die ich anderen über mich einräumte, wieder sie. Das, worüber ich stolperte, sie. Egal, was mir im Weg war, dahinter stand immer sie. Das geht uns vielleicht allen so. Es ist verrückt, wie sehr ich mich echauffiert habe. Das Verhalten meiner Freunde war für meinen Geschmack nie heldenmütig genug. Diejenigen, die sich körperlich hingaben, warfen sich in meinen Augen leichtfertig weg. Für diejenigen, die sich komplett aufsparten, empfand ich genauso heftige Verachtung. Ich erbrach mich stellvertretend für diejenigen, die sich betranken, aus Verachtung dafür, dass sie sich mit so erbärmlichem Fusel betäubten. Meine Freunde fürchteten mein scharfes Urteil. Und wenn sie einen Blick auf meine weichen Seiten erhaschten, ließen sie mich teuer dafür bezahlen. Sie mussten sich schließlich ihrer Haut wehren. Ich konnte verletzend sein. Ich war wütend, und schuld war sie.

Als ich noch jünger war (meine Güte, wie unverständig man doch manchmal ist), dachte ich, ihr Tod würde mir das Leben erleichtern. Ich täuschte mich, denn es war vielmehr so, dass ihr Altwerden das war, was mich befreite. Mit den Kämpfen ist Schluss. Ich entsinne mich noch, dass sie, wieder einmal, wie sollte es anders sein, in einer dieser Rehakliniken lag und das Unmögliche begehrt hatte. Eine endlose Liste. Ich hatte ihr wirklich sämtliche gewünschten Sachen gebracht. Ich breitete sie auf ihrem Bett aus, doch sie würdigte sie kaum eines Blickes, denn an jenem Tag war ich der Gegenstand ihres Interesses. Aus der einen Tasche hatte ich meine Wunder zum Vorschein befördert. Dann, aus einer anderen Tasche, die gewaschene Kleidung, die ich auf einen Bügel hängte. Außerdem die Magazine, die sie am liebsten las: die italienische *Vogue*, die englische *Elle*. Ich stellte fünf Flaschen Rotwein aufs Fensterbrett, direkt an die Scheibe, damit sie kühl standen (es war Winter). Zu guter Letzt überflog ich die Liste noch einmal im Geiste, um mich zu vergewissern, dass ich auch nichts vergessen hatte, und genau in dem Moment servierte sie mir in einem Ton, in dem kein Fünkchen Ironie durchblitzte, keinerlei Herablassung, keinerlei Machtgehabe, keinerlei Grausamkeit, die folgende Bemerkung: »Ich könnte dich bitten, dich zum Fenster hinauszustürzen, und du würdest es tun.«

Man weiß ja, wie das läuft. Manchmal ist da nicht eine Spur Ironie, Herablassung, Machtgehabe oder Grausamkeit, und doch begehrt man innerlich auf und neigt spontan dazu, alles falsch zu verstehen. Das steckt einfach in uns drin, das ist das innere Kind in uns. Doch ich weiß nicht, warum, ich war in dem Augenblick stark genug, um zu verstehen, dass sie mich nicht angreifen wollte, sondern versuchte, mir etwas anderes, Konstruktives mitzuteilen, etwas, was ich innerlich nie hatte zulassen wollen. Und ich erwiderte: »Klar würde ich das tun. Wenn du mich darum bätest – denn das hieße doch wohl, dass wir uns im Erdgeschoss befinden …«

Sie würdigte meine reife Reaktion mit ihrem göttlichen

Lächeln. Und ich sah – das schwöre ich – den Frieden auf mich herabkommen, spürte zum ersten Mal diese wärmende Hand, die mir Zutrauen spendete. Der Krieg, den ich gegen die anderen geführt hatte, war vorüber. Mein hartnäckiges Flehen hatte sich endlich erübrigt.

Sie sitzt ihren beiden Enkeln gegenüber, fährt sich mit der Zunge über die Lippen. Neugierig und gespannt, denn es sind zwei Unbekannte, die da zu ihr kommen. Unbekannte, damit will ich sagen: Menschen, die sie nicht mehr kennen wird. Zum einen werden die beiden sie ein Stück weit vergessen, zum anderen wird sie selbst weit, weit weg sein. Sie hat nichts, was sie an sie weiterreichen könnte, ich meine, keine moralischen Grundsätze, oder sagen wir, nichts, was sich mit Worten vermitteln ließe. Ihr genügt es zu wissen, dass diese Jungen bereits eine ungeheuer lehrreiche Erfahrung machen, indem sie miterleben, dass man hier, in dieser Familie, einen alten Menschen nicht im Stich lässt. Die Wachsamkeit, mit der sie, gefangen in ihren eigenen vier Wänden, verfolgt, wie die Kinder wachsen und gedeihen, lässt für mich erahnen, dass sie für sie die Natur verkörpern. Im Winter sind sie schneeweiß im Gesicht, im Sommer das blühende Leben selbst. Sie hat keine Bäume mehr, die sie bewundern kann, wenn man einmal von den – von ihr über alles geliebten – Kirschzweigen absieht, die ich in einer Vase gegenüber von ihrem Bett drapiere. Diejenigen, die in der Lage sind, das Haus zu verlassen, vermögen die Bedeutung der Knospen nicht zu ermessen. Sie schon, ja, sie sehnt den Frühling herbei, der für sie das Ende der Heizperiode bedeutet, die leichtere Bluse. Aber das allein kann es nicht sein.

Was auch erklärt, warum sie so sehr für Blumen schwärmt. Warum sie so beharrlich ihre Anweisungen erteilt, auf dass man das Wasser wechseln möge, die Stängel anschneiden. Gelbe Blumen möchte sie haben, und zwar aus gutem Grund: Sie ersetzen ihr die Sonne. Und diese beiden Jungen dort, denen man förmlich zusehen kann, wie sie größer werden, sind die andere Sorte Pflanzen. Wie groß ihre Füße sind. »Was tragt ihr denn für eine Schuhnummer?«, fragt sie verdutzt. Sie nennen ihr ihre Größe, und sie sagt nur: »Oh, là, là …« Es fehlt nicht viel, und sie bekäme es mit der Angst zu tun beim Anblick dieser fleischfressenden Pflanzen.

Der Baum, den du in deinem Garten pflanzt. Für dich wird es nur ein Ring aus Stützpfählen sein, dicht an dicht wie die Ruder einer Galeere. Doch für andere wird die Akazie eines Tages hoch in den Himmel emporragen, wo du dann bereits sein wirst, und sie wird deinen Nachfahren Schatten spenden, während du auf niemanden mehr deinen Schatten wirfst. Du wirst nur noch Licht sein für die, die sich an dich erinnern. Eines schönen Sommerabends wird einer deiner Abkömmlinge dort unter diesem Baum sitzen und seinen süßen Duft einatmen. Dieser Enkel, dieser Großneffe zweiten Grades, diese Ururgroßnichte, wer auch immer es sein mag, wird nicht mehr an seine Enttäuschungen denken. Im Gegenteil, er wird sich wohlig umfangen fühlen von einer unerklärlichen Fülle, dort unter dem nächtlich-stillen Baum. Und er wird sich fragen: »Von woher kommt nur all diese Liebe auf mich hernieder?«

Das ist die Bestimmung meiner Mutter, auch wenn sie keinen Garten hat.